胶东传统村落文化志系列丛书

善因社会

——山东福山善疃村文化志

姜希玉　常　亮　编著

中国农业大学出版社

·北京·

胶东传统村落文化志系列丛书编写委员会

序

党的十九大报告提出乡村振兴战略，按照“产业兴旺、生态宜居、乡风文明、治理有效、生活富裕”的总要求，加快推进农业农村现代化。文化振兴是乡村振兴的重要目标，也是产业兴旺、生态宜居、乡风文明、有效治理和生活富裕的重要内容。习近平总书记强调：“文化是一个国家、一个民族的灵魂。文化兴国运兴，文化强民族强。没有高度的文化自信，没有文化的繁荣兴盛，就没有中华民族伟大复兴。”乡村文化振兴是乡村振兴战略的灵魂所在。

乡村是具有丰富内容的文化宝库，不仅有众多农业文化遗产，也包括方言、故事传说、民俗、节庆、地方文艺、价值观、信仰与禁忌和集体记忆在内的诸多“非物质文化遗产”，还反映在契合当地气候、环境与资源条件的建筑文化、饮食文化与服饰文化之中。分布于各地的文化遗产系统中的物种资源、农业景观、传统知识、农耕技术等是人类社会数千年在广袤大地上留下的智慧足迹，是传统农业数千年积累下来的共同财富，是优秀传统文化的重要组成部分，也是构建中华民族核心价值观的重要精神文化资源。

随着城镇化的推进，农业社会正渐行渐远，乡村这座文化宝库在工业文明的冲击下正在衰落、遗失，渐渐被人淡忘，有些甚至已经失传。这对一个民族的精神和文化传承来说，无疑是一个重大损失。如何保护好、传承好、利用好乡村文化，是摆在我们面前迫切而艰巨的任务。

2015 年 12 月份成立的中国农业大学烟台研究院农业文化研究中心，凝聚学校科研骨干力量，整合业界学术资源，旨在以生态文明村（民俗文化村）建设为抓手，以农业文化遗产的保护为重心，以地理标志产品的文化内涵挖掘和品牌提升为重点，深入挖掘农耕文化中蕴含的优秀思想观念、人文精神、道德规范，充分发挥其在凝聚人心、教化群众、淳化民风中的重要作用，探寻乡村发展的内源性动力，助力乡村振兴。

2016—2018 年，农业文化研究中心先后承担了烟台市生态文明村（民俗文化村）建设项目，负责胶东地区 11 个村落的文化挖掘和规划编制工作。以《夼里人家——山东福山丁家夼村文化志》《尚书故里——山东莱山西解甲庄村文化志》《善因社会——山东福山善疃村文化志》为名呈现在我们面前的这套丛书，饱含了研究中心李兴佐、常亮、郑慧勇、姜玉香和姜希玉等师生团队的心血。两年多的时间里，她们带领学生深入乡村调研一百多次，访谈了数百名村民和村镇干部，搜集了 1 000 余幅珍贵的影像图片和 100 多万字的口述资料，对每个村落的民俗文化资源进行广泛深入的搜集、整理。在此基础上形成了这三本文化志，从每个村落地理环境到村落家族的追忆再到先人的故事，从村落起源、历史发展到近代的红色记忆，从建筑的遗迹到民俗的传承，再到现在的村容村貌等等，尽量全面再现村庄往事，记录村民生活。作者与村民一起回望来路，既理清了村落发展的全过程，又盘点了村庄拥有的家底和资源。与村民调研访谈过程中，也让久居习以为常的村民以新眼光打量自己朝夕相处的村落历史和自然景观，重新唤醒了深藏于村民心中的文化自觉和自豪感。

在作者和当地民众的共同努力下，把文化圣地胶东文化名村西解甲庄，依山而卧面水而居的丁家夼，民风淳朴以善为美的善疃村鲜活而丰满地呈现在读者的面前。相信读者一定会从这套丛书中领略到胶东传统村落文化之深厚，景观之诱人，体悟当地民众生活之丰富，生命之蓬勃。也相信，该项工作为保护利用乡村传统文化，重塑乡村文化生态，建设诗意闲适的乡村文化环境奠定基础。

朱启臻

2018 年 8 月 20 日于中国农业大学

目录

导言

呼吁善行的村落文化

2017年4月9日，由农业部中国农村杂志社举办的“中国美丽乡村百佳范例”宣传揭晓仪式暨农村改革与发展座谈会在北京召开，“2016年中国美丽乡村百佳范例”评选揭晓，善疃村有幸获此殊荣。在这片以“善”为荣的土地上，既有郁郁葱葱给善疃人带来丰硕果实的万亩山岚，绵延数里为善疃人提供生命之源的善水河，又有传承着百年宗族文化慎终追远的姜氏宗祠以及辛勤劳作追求美好生活的村民，还有成功不忘本建设村庄的回归乡贤……

遗憾的是，善疃村没有文字记载，世代相守的往事都潜藏在一辈又一辈村民碎片化的记忆之中。这部村落文化志是村民记忆的生动再现，在讲述和倾听的情境里，乡村的山川河流与风土人情跃然纸上。

善疃以“善”为发端，素有“善山善水出善人”的美誉，在这一方土地之上，善缘文化扎根于此，“善”也因此构筑成这个山明水秀的传统村落的文化灵魂。“善缘”文化是善疃村独特于其他传统村落的文化内核，亦是推动善疃村在不同时代不断前行发展的内驱动力与方向引导。

自然山水风光与传统村落建筑是村落文化的重要载体，留存着大量的历史信息、文脉记忆、艺术创造和生活方式。善疃村地处胶东半岛，自然山水风光秀美怡人，山环水绕。善疃村背靠福山区第一大山——塔顶山，其被誉为“福山屋脊”，和昆嵛山山脉、牙山山脉并称胶东半岛“三姊妹山”，身处其中，似是群山环绕；蜿蜒数里，自西北向东南贯穿而过的善水河，绿树成荫、碧波如玉的仙姑潭，还有饮马湾、羊角河与神龙泉，静心细听，流水潺潺，不觉岁月流年。善疃村的传统民居建筑极具特色，古色古香的进院与别出心裁的建筑风格传达着善疃先人们曾经的文化记忆与生活智慧，老宅静静挺立，见证着代代善疃人的人情往来与悲欢离合。善疃的山水建筑不仅承载着曾经的历史文化与生活底蕴，更是养育了善疃村人善良、淳朴的民风民俗。

善山、善水、出善人，在善缘文化的浸染之下，从古至今，无数善疃人遵从本心，留下了诸多善行义举，为善疃的“善缘文化”增光添彩，随着时代的发展，一代代善疃人践行着“善”之本义，却又有着不同的诠释。因此，在善疃村，善缘文化紧随时代发展，虽历久却也弥新。古有因善行得“疃人善也”而获名善疃的美丽传说；今有刘牟勇救落水儿童、供销社社员鞠芳娣勇救醉汉的暖心之举；前有纷乱艰难年代里，善疃人民英勇投身抗战，保家卫国，碧血丹心；后有和平富足岁月中，“一方有难八方支援”的捐款献爱心的善举温暖人心；更有发财不忘本，回乡建桥、整路、修祠堂和开荒山、建庄园，助力农村产业融合的乡贤回归……诸如此类的善事，在善疃村不胜枚举，出于善意的援手以助，点点滴滴都在续写着善疃人的善行，善疃人坚守着一片善心，施善行、语善言、存善心，自古至今，莫不如此。

善有根有源，也自有传承和发扬。面对时代的巨变，善疃人始终坚守着那份建村伊始的“善念”，但随时光流转，岁月变迁，曾经的世代相守的记忆与祖祖辈辈奋斗坚守的精神也渐渐远去，因此为将这份精神继续传承，也为后世的善疃子孙寻找根脉与历史，重获归属与厚重，在日间浮躁的社会发展中守住本心，善疃人开始了一段面对时代的寻根之旅。2016 年春天，姜氏宗祠在万众瞩目之下得以重新修建，修复祠堂，再续善缘，这既是一次对曾经失落的传统文化的继承，又是一次面对时代的寻根之旅。

姜氏宗祠不仅仅是姜家族人的精神寄托之处，也曾经作为村里的小学造福乡人。村里上了年纪的老人大多都是在这里上的学，回忆起上学的事，老人们的脸上总会洋溢着孩童般的笑容。也正是因为善疃村重视教育，村民们心间便存留着积极向善的力量，与人为善，友邻和睦，“善”成就了善疃人，善疃人让“善缘文化”富有生机；为深入发掘善之根源，善疃重申族规乡约，弘扬“孝悌忠信礼义廉耻”。在这个传统村落里，乡规民约犹如涓涓泉水般在善疃人心中流淌着，潜移默化中给了他们以向善的力量。“忠、孝、善、悌”的教诲在善疃人家口口相传，在人们心中种下一颗善良的种子，让其生根发芽。伴随时代的发展，虽然村落的村规民约随着时代潮流而更替前行，但善始善终为其内核。因为心存善意，常做善事，这个村落里的人多了份善良和淳朴，宽以待人，热心助人，夫妻琴瑟，兄友弟恭，邻里和睦，在一片山明水秀中奏响了和谐之音，描绘出一幅众人心之所向的“路不拾遗，夜不闭户”的大同景象。

在面对日益加快发展的新时代，善疃重修宗祠、重建家谱，各大家族追根溯源，重塑乡约族规，这场寻根之旅深植心底，寄托了善疃人的美好愿景，也是直面时代的叩问。这既是传统和历史的荣幸，得以洗去时代铅华，重新冠以新世纪风采而继续传承；又是善疃村和善疃人的荣幸，能够在继承传统、寻找根源的过程中重建血脉相连，重新拥有厚重的过去。这必将使善疃村在以后的发展过程中，不忘初心，不失方向并更有潜力和前进的动力。我们记录这段面对时代的寻根之旅，期望着更大范围的中国乡村能重新去寻找发现自己过去的记忆和历史，追寻根源、继承过去，同时紧随时代，发展新时代的自我，在厚重记忆的奠基中不断发展，在归属和重拾自我中奋勇向前。这是一次面对时代的寻根之旅，也是对善疃祖祖辈辈记忆和奋斗的承袭，必将成为善疃未来世世代代不断前进路途上的奠基。

土地是乡村得以长久延续的根基与命脉，是一代代善疃村人植根于此的核心纽带，在这片因善得名并得以持续发展的土地之上，曾留下一代代善疃人辛勤耕作，稼穑耕耘的青葱岁月，也曾留下“人七劳三”与“抓阄叫行”的时代印记。时光荏苒，这片土地亲历着这个传统村落世代相守的往事，守护着连片引人的雪果红樱，目睹着技艺精湛的各类匠人不断老去更新，在岁时节令中度过一年又一年……

“土地的黄昏”是乡村的共相，也是社会剧变中乡土中国的缩影，传统村落没落，乡村记忆正在逐渐消失，但善水河畔的善疃村却有些许不同，善缘文化、现代农场庄园，传统的村落文化与现代新型农业的结合为我们勾勒理想的乡村类型提供了一种可能。我们通过采录口述的方式再现村庄往事，虽然无法追溯往昔峥嵘岁月，却可以用文字、用声音、用图片捕捉生活的瞬间，记录生活的片段。在村民共同的追忆中，那段被尘土掩盖的历史逐渐显现出原本的面貌，乡音不改，乡情不移，无论是耄耋老人还是黄毛孩童，都在这片群山环绕的善疃村怡然自得。

我们走进善疃村，将村民记忆中的往事转换成了定格的历史。在这些有形的和无形的文化遗产中，潜藏着善缘人家的千年传承。其现实的意义在于为人生迟暮的老人、在外漂泊的游子和坚守在这片土地上的善疃人一个共同的回忆，让前辈的功绩载入史册，后辈更应继往开来，不辱使命。共同的记忆是一条连接祖先和后辈的精神纽带，是整合村落社会的精神力量，它让我们始终传承祖先的生存智慧，在未来不可预知的变化中，始终铭记因善得名的善疃村的精神力量，坚定而从容地走下去。因此，虽然它讲述的是过去，却直指当下，更关乎未来。

善疃村村貌(1)

善疃村村貌(2)

姜氏宗祠

善疃牌坊

一、塔顶山

善疃村的北面背靠福山区第一大山——塔顶山，主峰塔顶，形似塔，高630米，山势高峻，为福山第一高峰，被誉为“福山屋脊”，在方圆百里中与昆嵛山山脉、牙山山脉并称为胶东半岛“三姊妹山”。善疃村境内的塔顶山面积达8 000余亩，被称为“万亩山岚”。塔顶山层峦叠嶂，风景秀美，地势呈西北和东南高、中间低的马鞍状。

塔顶山的最高峰位于塔顶山区西北，因塔顶山中突出一峰像圆塔得名“塔顶”，又因村内流传的众多与李世民相关的传说而被称为“唐顶”。塔顶海拔630.4米，高耸入云，拥有“福山区第一高山”的美誉。经过千百余年的实践证实，只要“塔顶山一戴帽（烟云缭绕），不是下雨就下雹”，村民常以此判断天气状况。

塔顶南侧分布着诸多因形似而得名的奇石，如龟石、老鳖石、棒槌石、三摞石、人形石、棺材石、鸟船石、灵芝石等，似乎在诉说着这方美丽土地上的诸多传奇。塔顶山下的神龙泉旁，有一宽约2丈、深约3丈，可容100余人的天然溶洞，因形似恐龙而得名恐龙洞。据传，善疃湖有一洞直通此洞，长约千丈，人称“扶台筒”，可惜今已不存。

常言道，一方水土养一方人，善疃以善为名，其善山、善水功不可没。在巍峨的狮子山下，分布着诸多姿态万千的山丘和奇石，其中位于塔顶东侧的海棘子顶别具一格；善水河和仙姑潭则为山峦的英气增添了柔美的气息；三条环山路蜿蜒而上直通塔顶，让前来观光的人们有机会置身于善疃山水之间，一览秀美山川。

狮子山

位于塔顶东的狮子山海拔571米，由许多大小不一的山脉汇聚而成，延绵起伏，造就了其东西长2.8千米、南北宽2.5千米的辽阔范围。东面山腰处有一座由几块巨石组成的天然石桥，被村民称为神仙桥，赋予了狮子山些许仙境色彩。从远处眺望，狮子山形同巨人舞狮子，倚南天而立，山中苍松拥抱，古木参天，传说秦皇、汉武、唐王曾驻足于此，素有“南天一柱”之称。

狮子山因其两边隆起、中间凹陷，神似笔架而得名“笔架山”；后因山形远看像一对相互对望的狮子而得名“狮子山”。据传旧时福山县衙大门便是以此山为参照物建造而成。1947年解放军北海二团等部队，曾于狮子山阻击国民党军西进，胶东著名的“狮子山阻击战”由此流传。

种类丰富的山地植被使得狮子山极具特色。植被覆盖率高达85%以上，山上山下植被种类各异：山上相间分布有松树、刺槐、葛藤、荆条、酸枣、映山红、羊胡草、黄背草等，山下则错落有致地分布着臭椿、野菊、鬼针叶、马唐、蜡条和苹果、葡萄等树木。山区植被类型多样，以森林植被、灌丛、草灌丛植物群落为主，山地植被有着鲜明的海拔分布差异，如高海拔处多海棘子等灌木，低处为松树、杨树等。塔顶山林木繁茂，森林覆盖率达90%以上，自然生长的木本植物有近百种，如以松树、黄楸树、柞树、杨树（老牛干）、臭椿树等为代表的高大粗壮的乔木、种类丰富的灌木与低矮的地被植物构成了天然稳定的植被群落。

海棘子顶隶属狮子山脉，位于塔顶东，松树旺北部，因顶上棘子像海里的棘子被称为海棘顶，这里有一大片山棘子不长倒钩，只长直刺。民间流传着一个关于海棘子顶棘子不长倒钩的传说：

据《烟台志》记载，当年唐太宗李世民御驾亲征路过此地，发现塔顶山有奇特美景，则登山观赏。在塔顶山后坡有一大片棘子不长倒钩。因为李世民路过时，见龙袍被棘子刮破，不免龙颜大怒，敕命棘子不准长倒钩。说来也是个怪事，那里的棘子只长直刺。

蘑菇山位于狮子山西侧，善疃水库北，在樱桃谷广场可以远眺蘑菇山。蘑菇山由大蘑菇、二蘑菇、三蘑菇三座连续的山体组成，因远观形似蘑菇而得名。其中山体姿态万千，鸽窝洞、天桥、管帽石、扁洞、老虎洞由北到南依次排列；民间的山区地名也丰富有趣，紧邻青王龙、北虎夼、大猪岭、小猪岭。官帽石则位于塔顶东南、大蘑菇和二蘑菇山之间，因传说八仙途经此处时张果老的帽子被风摘下，戴在一巨石上，形成酷似古官帽的石头而得名。

山岚

善疃水源

善疃村内有一条蜿蜒数里，自西北向东南穿村而过的河流，2015年村委组织对此河流命名为“善水河”。善水河是一条自然河，发源于塔顶，由塔顶的山泉和雨水汇聚而成，在上游的山区形成河道，经由善疃水库蜿蜒流过村庄，出村流入内夹河后汇入黄海。从塔顶源头算起至204国道，善水河经过善疃村的总长度达9千米。2008年善疃村对河道进行浆砌，从204国道至善疃湖大坝总长度有2.72千米，水域面积达1 200公顷。

得益于得天独厚的地理环境条件，常年以来，善水河源源不断地为村民们提供灌溉、饮用和洗涤用水，哺育了这方土地上的善疃人。近年来，随着水污染加剧，善疃河水现已无法饮用，因此，河水主要用于农田灌溉。由于村内段河流还有泉水涌出，村里的一些妇女仍然喜欢在河水较为干净的河段，比如河流拐弯处和有泉水的地方洗涤、比起自来水，善疃河的水像是自带多重去污功效，善疃河水洗出的衣服更加干净、洁白。

塔顶山前坡有一个饮马湾，相传因李世民的御马在湾边饮水而得其名。塔顶泉位于塔顶，俗称神龙泉。塔顶泉是自然形成的水泉，泉粗如碗、水呈喷状，倾流而下，泉水清澈甘甜。泉水处建有水井，又名为通海井、扳倒（斜）井。如当地村民所言，这名字源于两个古老的传说：

相传很早以前，胶东是一片海洋，海里有只恶蛟龙，经常在海里兴风作浪，偷袭渔民，弄翻渔船，死人无数。东海龙王知道后，派兵把蛟龙抓了起来，让他喝足海水后，用铁链锁好压在狮子山下以示处罚。为了让它能呼吸，在山上特意留下一个洞，龙嘴在洞口，水在洞中流出，极旱不减。当年薛理征高丽路过此地时，天热口渴，急于喝水，可井很深，一时又找不到桶。薛理是个急性子，手握井边一使劲，把井扳斜了，水从井中流了出来，扳倒井，因此得名也称斜井。传说该井常年有水，直通大海，也称通海井。除了此传说之外，在当地还有一个扳倒井传说也广为流传。

羊角河位于村西，它是目前善疃村的饮用水源。1956 年，村里在村西羊角河挖井一眼，深 10 米。自 2007 年开始，村民饮用的自来水就是此井的水。村里曾想引河水当自来水，但是村民不同意，因为村里的河是地势低洼处，各种脏水都会汇集过去。羊角河水发源于山里的泉水，山泉水质甘甜，“烧开水一年，壶里都不长水锈”，村民还有“山上的水，不管哪个沟里的，可以直接喝，喝了都不得病”的说法，山区内南旺、牛圈一带的水质最好，据说过去村民还用这里的水做过酒。

善疃村地下水资源丰富，水库天旱没水的时候村里挖水井，大概挖 5～6 米深就可以挖到地下水。村民说，村东的水质比西边的好，东边打井一般打到一丈七八，西头打到一丈二三，井越深，水质越好。

善水河(1)

善水河(2)

仙姑潭

走进善疃，在狮子山与塔顶山间山坳处，有一镜湖，坐落在樱桃谷北面，四面绿树环绕，碧波如玉，微风拂过，湖面轻皱，仿若人间仙境。湖水源于塔顶神龙泉，善疃人称“仙姑潭”，又名善疃湖水库。

早在20世纪60年代，为解决周围几个村子的农田灌溉问题，善疃湖的修建工作便开始了。但是由于工具落后、人力少等多方面原因，水库的修建工作进展很缓慢。1974年镇政府成立了专门负责修水库、修大坝“战山河”组织，由这个组织领导四个村子的生产队共计750余人一起扩建大坝、修建大水库。虽然当时仍然是运用推土机和小推车进行人工作业，但是组织有力，于1974年秋天大坝合龙，在1975年水库正式建成，1976年正式通水。在此之后，水库又经过了加宽大坝等三次改造工程。2007年，区政府又组织进行了水库的修复工作。修建初期，水库供多村使用，后来其他村庄的水道逐渐荒废，现在只供善疃使用。

善疃村曾建过大小水库共六个，目前还在使用的有两个。一个是面积最大的善疃湖，占地约190亩，拥有180万米^{3}水资源，灌溉面积5 000余亩，首先，主要用于灌溉，其次，用于养殖和旅游观光；另一个是2008年重修的西山水库，面积较小，蓄水量约10万米^3，在降水量多时，水库内会有蓄水供村民灌溉使用。

目前善疃湖有人工养殖的鱼苗和自然生长的甲鱼，鱼的种类有白鲢、华鲢、鲈鱼和鲤鱼，一般春天播种鱼苗，最大的鱼有15千克，承包人每隔一两年会请专业人士帮忙捕鱼，一部分自用，一部分卖掉。通常鱼的价格比市场上贵，但由于水质好、生长环境优良等原因，鱼的口感得到很多人的认可，每年都是供不应求。近几年，短期乡村休闲游盛行，善疃以其优美的环境和丰富的自然资源赢得了诸多赞赏的目光，知名度越来越高，尤其每年春天5月1日前后，周边村落或市区慕名而来的居民络绎不绝，善疃湖边垂钓活动受到越来越多人的青睐。

善疃湖哺育了善疃人，为村民提供了饮用和灌溉水源，近些年又开发了养殖和旅游观光的功能，给村民带来了诸多福利，一定程度上也称得上是善疃的“母亲湖”。

仙姑潭

樱桃谷

樱桃谷位于善疃村北，坐落于久负盛名的狮子山西麓、塔顶山下。樱桃谷周边森林茂密，绿树成荫，花儿芬芳。自然的生活空间让人身心舒畅，感到宁静和安逸。俗称福山屋脊的塔顶高耸入云，陡峭如削的狮子山似人工造就的南天门，山棘丛生而不长倒钩的海棘子岭，天然阴森的野狼洞、老雕窝，贯通山岭的国防洞，耸入云端的棒槌石以及形象神似的灵芝石、鳄鱼石、龟石、双人石、碑石、官帽石、孤老石、燕子石、布鸽岩等奇石异景散落其中。大自然赋予了樱桃谷得天独厚的美景，为摄影爱好者提供了绝佳的拍摄地点，被烟台市民俗摄影协会甄选为摄影创作基地。

随着乡村休闲旅游的发展，善疃村民借助狮子山和塔顶山的自然地势，在樱桃谷精心培育了近万棵樱桃树，形成采摘和拍摄的樱桃谷胜地。人们可在此拍摄甜蜜婚纱照、浪漫情侣照、温馨全家福。依托樱桃谷，善疃人又成立了“乐善”采摘园公司，将博大精深的善文化蕴含于内，以“人人乐善、乐善好施”为经营理念和核心价值观，推出“乐善”品牌，以优质的果品回馈社会。

乐善采摘园作为乡村旅游园区，以采摘为主，以观光、休闲、教育为辅，共建设采摘园面积 2 000 亩：樱桃采摘区面积 500 亩，苹果采摘区面积 1 200 亩，梨采摘区面积 500 亩，冬枣采摘区面积 200 亩，草莓采摘区面积 50 亩，桃、杏采摘区面积 50 亩，与库容 200 万米^3 的善疃水库毗邻。善疃着力打造采摘园和采摘一体化，在不同季节开展应季瓜果的采摘和观光活动，其中以红樱和雪果最具特色。

每年 5 月底到 6 月底是樱桃采摘的最佳时节，樱桃采摘主要集中在樱桃谷。采摘园从 2004 年开始栽种红灯、大紫、美早、先锋、红蜜、意大利红、撒弥陀、斯特勒、拉宾斯等 10 多个品种的大樱桃 1 500 余亩。山丘地带是大樱桃的最佳生长地区，采摘园坚持科学的种植管理，严格按照绿色农产品质量标准进行田间管理，定期派专人进行垒土，采用物理杀虫，无污染山泉水浇灌，使大樱桃果质水分充盈，红兼晶亮，口味纯正，所产大樱桃为樱桃之上品，已成功举办七届善疃樱桃采摘节，两届中国大樱桃采摘节并获得多项荣誉。2010—2011 年连续两年成功举办“福山·回里·善疃大樱桃采摘节”。

2012 年以“展福山文化，建绿色家园”为主题的第六届“中国·烟台·大樱桃采摘节”顺利开幕，接待各地游客 3 万多人，被评为福山区

“三星级”采摘园。2013 年 6 月举行以“回归自然，进入福里”为主题的“第七届中国·烟台大樱桃节暨回里善疃樱桃谷采摘节启动仪式”开幕式，为期 1 个月，吸引全国各地将近 4 万游客纷至沓来体验农家生活，“美早”被烟台果品行业协会评为最佳质量一等奖。2015 年，“樱为有你幸福之旅”第九届中国·烟台大樱桃成功举办，烟台电视台《激情大闯关》摄制组在善疃旅游度假村进行了节目录制。

每年 11 月是苹果和冬枣采摘的最佳时机。乐善苹果基地面积 1 500 多亩，地处山区，空气清新，土质肥沃，水源充足，灌排设施齐全，基地所在区域属暖温带东亚季风型大陆半湿润性气候，这是发展苹果、生产优质苹果的理想之地。这里更具特色的是采摘期延长至小雪节气，薄雪笼罩下的“雪苹果”别有一番意境。它是福山独一无二的特色产品，口感更加香甜，为苹果的代表品系，已通过国家绿色食品认证。因其生长时间长，糖分更集中，“雪苹果”以其优良的品质广受欢迎。这种不同时节各具特色的采摘观光活动赢得了参与者的一致好评，他们对采摘园先进的配套设施和人性化服务赞不绝口。

一座名为善水阁的小楼耸立于樱桃谷观景台的东侧，煞是显眼。原是其主人刘文峰接待朋友的茶室，现在发展为樱桃谷采摘园中为游客提供餐饮、休闲、欣赏湖光山色的休闲场所。景观区、停车场、休闲木屋等功能区划分清晰，在山腰的显眼位置建设了多功能酒店，为游客提供有机健康的农家乐餐饮，每日最大可接待客流量为 2 000 人，有 13 个住宿房间，可提供住宿服务，还有多功能会议接待室，大厅一楼占地 300 $米^2$，可以开展 100 人的会议接待工作；二楼占地 30 $米^2$，可提供 10 人左右的小型会议的接待工作。会议接待室设备完善，有先进的灯光、音响，可提供会议所需的投影、录像等要求，可以提供座谈式、讨论式、讲课式等不同类型的会议环境，还可以提供会间茶水、水果等多种服务，让游客在大自然的包围中更好地开展工作。位于樱桃谷半山腰建有3处时尚养生木屋，30个房间的设置既可供游客观光休闲，也可提供住宿服务。善水阁的存在，为樱桃谷增添了一抹古色古香的人情味。

采摘园设置了独立的采摘区和公共服务区，区内卫生整洁，在明显地理位置设置提示牌，注明品种。危险地域设置安全防护设施，并设立明显的警示标志。硬化、绿化的入村道路和进山道路直达采摘园，并安装了路灯，采摘园路面混凝土硬化贯穿整个园区；长约9千米盘山路直通海拔636米的福山最高峰——塔顶山顶峰；在通往采摘园主干线路口设置交通指示牌，沿路设置导向牌，引导标识清晰健全。公共服务功能齐全，区内建设两处泊车场地，设置休息区，提供饮水服务。乐善采摘园安排专业讲解员对游客进行科学引导，讲解采摘知识，提供采摘用具、防护用具、采摘品包装服务，服务人员统一穿着乐善文化衫，仪容仪表整洁，礼貌热情待客。采摘园内安全设施配套，尤其在采摘月和采摘节期间，安保、通信、医疗、救护等设施配套，为游客提供引领和采摘指导及医疗救助服务。

樱桃谷

收获大樱桃

大樱桃采摘节

善水阁

环山路

善疃众山脉之间的环山路无疑是她的一大特色，不仅为村民上车提供了诸多便利，还被开发出了摩托车赛等户外活动，被骑友列为烟台最棒的12条骑行路线之一，成为善疃村名声在外的“明信片”。

据村民林学敏介绍，从山下通往塔顶的山路共有三条：一条是1967年，或者1968年左右修建而成，从张家铺村到塔顶的公路，硬化的混凝土路面长约9千米，直通顶峰；第二条是经过防火站的那条山路；第三条是水库往南旺的一条相对完整的环山路，直通塔顶。20世纪50年代八路军中的0097部队、机枪连一分队为了雷达站还打过山道。

善疃因其独特的山路和地形，2016年11月由烟台市骑士户外体育策划有限公司主办，烟台广播电视台、烟台市体育局、烟台市旅游局、烟台市福山区回里镇人民政府、烟台胶东在线网站支持的烟台首届山地勇士越野摩托越酷赛在善疃举行。蜿蜒连绵的山路，秀美壮丽的山地自然风光，也吸引了众多的自行车和摩托车骑行爱好者。沿G204骑行，经黄务—回里—善疃(右转)—塔顶，或在塔顶继续前行，从西侧下山，经国路夼—门楼—福山返回的路线，被当地骑友列为烟台最棒的12条骑行路线之一，春天可见漫山映红，秋天可观层林尽染。

环山路

二、善始善缘

善疃以“善”为发端，素有“善山善水出善人”的美誉。在这一方山明水秀的土地之上，善缘文化扎根于此，衍生一代又一代的美丽传说。以涝渡结善缘为始，纵岁月变迁，时光流转，无数善人善事依旧在此不断上演，未有终结。历史在不断前行，时代也随之变化，而最初那份植根于善疃和善疃人心中的“善”之精魂一如往昔，甚至历久弥新。

涝　渡

善，德之建也，善疃在此精神文化之上建立发展而充满活力，不断前行。而善疃之名也始于一次善缘。据传，北宋年间，单姓来此建村，取名单疃。后于姓兄弟迢迢而来，在这里落脚扎根，安居下来。他们还为自己的新家园取了个颇文气的名字：涝渡，一是意味着涝洼水多；二是取只有劳动，才能渡过难关之意。“涝渡”便成为其最初的名字。关于“善疃”之名，当地流传着这样一个美丽的传说：

有一年，风不调雨不顺，庄稼歉收。村人举家迁徙到外地讨生活去了，只有一对行动不便的祖孙俩留了下来，守护着这片家园。某日，一奔波在外的书生路经此地，看天色已晚，前路遥遥无尽头，这位书生决定在涝渡村投宿一夜。祖孙俩本就古道热肠,见此情形,就热情地接纳了他。第二天清晨,爷爷备好晨炊,去请客人起床吃早饭时,却发现这位客人脸色苍白,鼻息微弱,病倒在他家土炕上。老人家犯了愁:“正值荒年,我们爷孙俩老的老,小的小,自顾尚且不暇,哪还有能力照顾病重之人?”但转念一想,“人出门在外,诸多不易,文文弱弱一书生,如果不是世道不济,又怎能流落在荒村乡野?将心比心,他一息尚存,怎忍心将他撇手不管?”

从此,这一老一少每日床前床后精心照顾病人。也是天遂人愿,这书生吃着粗茶淡饭,喝着山涧泉水,病情渐渐好转,不日就康复如初。他万般感激这爷孙俩的救命之恩,只叹孑然一身,无以回报,临行前提笔疾书,在墙上唰唰写下一个大字:善。然后,他含泪叩谢救命恩人,道:“涝渡二字太苦,老人家与这位小弟如此善良,以后这里就叫善疃吧。”善疃之名由此而生,村庄缘此而立。

从此传说中便看到善疃自其源头开始就是“善”行,这也成为先人们对后辈的殷殷期许,时至今日,即便是村内并不识字的村民,也会自小教导孩子走正路,行善事。

除了村民口口相传的传说,关于善疃村名的由来,还有两个说法。《福山区地名志》记载如下:

北宋初年,单姓来此居住,取名“单疃”,后来于姓迁入,因故被抄家。元至顺三年,姜姓由莱阳迁居在于姓居所南边的涝洼园,取名“姜家涝渡”,因洼水较多,后移居到于姓原址,后成大户。为避祸,在于姓坟地侧面挖南北方向水沟,意味“流恶善变”。明万历年间，转音“善疃”。清初，林、刘二姓迁入。

后分为善疃姜、善疃林、善疃刘三村，1951 年三村合并，统称“善疃”。这是其比较官方正式的说法。

当然，民间自是有很多充满传奇色彩的说法，关于善疃村村名还流传着一个神话故事。

古时，某日一农妇怀抱大孩子，手领小孩子，被上神太白金星撞见，问为何抱着大孩子，而领着小孩子，农妇曰：“大孩子已无父母，怜其苦，小孩子系我生，比其幸福啊”。农妇的善举感动了上神，太白金星点头赞誉，疃人善也，从此，村更名善疃至今。

无论是何由来，善疃自善缘而起，也因善缘而不断发展前行，岁月穿梭，时光悠扬，最初那份善缘在这一隅土地之上落地扎根，在悠久的历史长河中，见证了一代代善疃人激昂前行的峥嵘岁月，目睹着一辈辈善疃人砥砺奋斗的温暖时光。

疃人善也

“善”的宗旨一直延续到了近代，尽管在中国人的处世观念中“个人主义”一直占据着极为重要的位置，早在春秋时期孟子便提出了“穷则独善其身”的处世哲学，民间亦有“事不关己，高高挂起”的诸如此类说法。但文化中独善其身的小我观念，并没有湮没人性中最温暖的那份善意的存在。

20 世纪六七十年代的中国农村，无论是在经济抑或是其他各方面，均不能说是富足，但物质上的贫困，并没有导致精神上的匮乏。在这个特殊的时代，在这个美丽的山村之中，不断上演着温暖人心的善行善举。例如让很多村民记忆犹新的供销社员工鞠芳地救人的故事。

在 1970 年 8 月 15 日那天，一个叫孙范臣的本村人在供销社喝了几两散酒后离开，他走后不久，供销社员工鞠芳地看他神态有点醉，不放心就出来看看他，结果发现他因醉酒一半身体倒在河中，情况非常危险，鞠芳地赶紧帮忙把他拉上岸对其进行抢救，才得以脱险。

“在一切道德品质之中，善良的本性在世界上是最需要的。”从上面这个故事里不仅看到的是善疃村人时刻想着与人为善的古语，更能看到善缘早已深深植根于此地，影响着村中人，内化为本能。善意犹如一束温暖的阳光，洒满每一个角落，温暖着接收这份善意的人，也温暖着不断给予阳光的人。物资极度匮乏的现实之下，他们面前一无所有；善意不吝挥洒的精神之中，他们面前应有尽有。

在每个时期，善疃人都在身体力行地恪守建村伊始的信念，善文化在这个村落不断生根发芽，在祖祖辈辈的传承之中，在家家户户的践行之下，成为守护这一方土地的独特精神力量。在物质短缺的年代，在充盈丰盛的时代，善意一直留存在每一个善疃人心中。

2018 年善疃村民刘牟已经 64 岁了，21 年前，他还在开发区彩云城贩卖蔬菜，1996 年 7 月的一天，他在卖完蔬菜之后去海水浴场稍做放松。与此同时，也有一位妈妈和舅舅分别带着一个小男孩和一个小女孩，四人租了一个皮艇在这里玩。风平浪静，恰似一番人间美景。两个小孩的舅舅带他们乘皮艇在海里玩，由于玩得开心竟放开了拉住橡皮艇的绳子，当时突然起了南风，一瞬间就将皮艇刮到海里去了，小孩的舅舅奋力拉住橡皮艇，累得无法出来。小孩的妈妈就开始呼救，刘牟的一个亲戚刘国当时也在那里开橡皮艇，但是不幸的是，当时附近所有的橡皮艇都坏了，无法去救人，周边也没有其他人。听到呼救，刘牟和刘国立刻前去救人，这时候，橡皮艇上坐着两个孩子，而孩子舅舅因力气用尽无法往外走了。刘牟认为自己的水性非常好，就把橡皮艇上的绳子套在自己肩膀上，但当时浪很大，体力消耗非常严重，甚至都有些自身难保了，一个浪上来，海水一下子灌了进去，像辣椒水一样进入喉咙让人非常痛苦。在阻力非常大的情况下，他们奋力拉着，然而一不注意就又被一个浪打进去了六七米，刘牟和刘国就在后面用尽全力推着，上岸以后已是精疲力竭，甚至躺在地上都听不清周围人说的话。见状，孩子的母亲立即向他们下跪了，并拿出 50 元答谢刘牟，刘牟拒绝了他们的答谢，也没有留下姓名、地址就离开了。提到为何不要报酬，他朴实地说："该怎么样就怎么样，不能要人钱。"

同样还是刘牟，在 1998 年秋天，他当时在芝罘区大疃做粉刷工，有一天，下了工，想要洗掉一身的脏污，便和工友一起去了东南边的一个大坑塘，他们在西边洗，有个十一二岁的小男孩在坑塘东边钓鱼。就在这时小孩子一不小心掉了进去，他们彼此还相隔四五十米，刘牟马上跳进水里，将小男孩救了上来。虽然及时抢救上来了,但小男孩还是因为被呛了水而昏迷过去,刘牟和工友一起为他做了急救。后来男孩的父母来感谢他,还要让孩子认他做干爹。像是上次没有接受回报一样,刘牟没有同意。后来小孩的家人也去工地上看过他好几次,但由于工地是流动的,没有留下联系方式,后来之间就断了联系。

似是传承,无独有偶。2010 年,47 岁的善疃村民姜林因有事外出,在功德桥以南的地方看到一个六七岁的孩子不小心掉进河里,在拼命挣扎,姜林毫不犹豫地跳进河中将其救了出来。同年秋后的一个下午,65 岁的姜作良骑自行车去菜地,路过河边,不经意间看到河里好像有什么东西在漂。当时没在意,骑过后觉得不对,又赶紧调头回来,仔细一看,才发现有一人身体没入河中,只能见其发顶,情况危急,他跳下自行车,赶紧将河中人拉了上来并对其进行抢救,所幸并无大碍。被救者是一位八十几岁的老太太,她的家人对姜作良感激不尽。

不仅不吝对素昧平生的陌生人施以援手,在面对世代熟知,守望相助的乡邻时,善疃人更是将一方有患,八方来援的精神充分发挥,将善意不吝播撒。在这里,虽是已有了浓厚的现代气息,但仍是我国乡土社会背景下的传统农村,农业发展的脆弱性和农民生活的不稳定性,也让许多家庭在避无可避的灾祸面前手足无措。但正如费孝通先生论述的中国乡土社会以团体生活为前提,而在这样一个安居的乡土社会,每个人在土地上自食其力的生活,在偶然和临时的非常状态中感觉到伙伴的需要。在日复一日的平静乡村生活中,看似了无联系的乡民彼此，却能在有需要时将融于无形的羁绊再次彰显。

2012年前后，李文学的家庭因为他那场并无征兆的疾病而摇摇欲坠，腰部生了肿瘤，在得到第一次治疗之后，不到半年的时间，再次复发，这次他彻底丧失了行动能力。由于第一次治病便已经花光了这个本就不富裕的家庭的全部积蓄。妻子姜美在万般走投无路之下，想要卖掉房子为丈夫治病。村里书记听说后坚决不同意，便组织村里为其捐款，并告诉李文学夫妇，“这件事情不要管了，安心在医院治病吧！有事找村里。”

村里立即为李文学一家组织了募捐活动，捐款当天，村里的人共为其募捐了两万余元，大境集团也为他们家捐款两万元。此外，还有电视台的记者前来采访，报道了他们所面临的困境。不仅仅是捐钱救济，在李文学治病期间，村里很多人更是尽自己所能去帮忙，村民鞠涛更是在他们去治病时尽力接送。

李文学手术后勉强恢复了行走能力，但仍是不能从事劳动活动，妻子也因为患病而无法劳动，家里还有一个刚上高中的儿子，全家仅靠低保生活。在回到家之后，村里为他们在家附近找了个轻松的工作，虽是收入仍然很少，但也缓解了他们的家庭经济困境。

接受了村里乡亲们的帮助，李文学一家也觉得非常不安，这份恩情太大，他们一家无以回报，所以，经常教导自己的儿子要知感恩，记得村里这些叔叔阿姨们的恩情，如果以后有机会要替自己的父母回报。李文学夫妇说：“我们文化水平不高，也不会说怎么感谢大家的帮助，但希望有机会能表达出来。”

现在这个曾经风雨飘摇的家庭又重新充满了力量，虽然依旧贫穷，但他们因为心中充满感激和温暖，善良的力量让他们又重新站立起来，努力而又认真地生活着。

而就在为李文学一家捐款的两年前，村里也为另一位村民家庭组织了捐款。姜德胜的儿子姜宏远也因突发肠道问题而住院，最后不得不前往北京治疗。在得知这一消息之后，村里也立即号召村民帮助他们一家。善疃村民们都自发前来为其捐款，姜德伟为其捐款 10 万元，时任村主任刘文峰为其家庭捐了两万元，最终共为其筹集捐款 28 万元。村民都在尽自己的能力，或多或少，但都充溢着那份邻里间的关怀和善意。时至今日，姜宏远已经痊愈并且工作了，曾经患病而使其遭受疾苦，是其不幸；未曾像很多脆弱的农村家庭一样因病致贫，或返贫，这是善疃人所给予的幸运。

当然，无论是住院期间的捐款，还是四处看病时邻里倾囊相助，抑或是重建家庭时，四面八方的关注与善意，都在重新温暖这两个饱经风霜却依旧坚强的家庭。

如此善事，在善疃不胜枚举，也许对旁观者来说，这只是一次善人善举；甚至对行善者而言，也只是出于本心的一次搭救；或许仅在一念之间，但对于被救者而言，对于被救者家庭来说，便是天堂与地狱的区别，无论是孩子还是老人，对于一个家庭，一个人便是全部。都说“水火无情”，可正因为有了人，因为人有这“一念之仁”，才能在这无情中发生了如此多让人温暖的“有情事”。

善疃村民居

赠：善疃村党支部村委会
关爱村民 云聚爱心解疾难
心系百姓 雪中送炭恩如山
善疃村村民季文学及家人敬
二〇一四年一月十八日
敬赠 善疃村党委 村委 两委会：
亲情关怀送温暖
父老乡亲多奉献
姜德胜及全家
二〇一一年十二月二十八日

锦旗

姜氏村规民约

我国数千年的社会政治背景造就了独特的乡村社会家族文化现象。村落家族文化的重要表现之一便是虽无形无迹，却无时无刻不渗透于整个村落家族的族规乡约。随着国家政治体制对村落文化的不断渗透，现代社会已进入法理体制时代，族规乡约对村人的限制早已不似从前，也让诸多封建糟粕无所遁形，但其中尚存的许多优秀传统文化和品德教化却不应该就此舍弃。善疃，这个位于胶东一隅的传统村落，仍然保留着许多优秀传统文化，以族规乡约的形式教化和影响着祖祖辈辈的善疃人。

赏不劝谓之止善，罚不惩谓之纵恶。在这个传统的胶东村落，有这样一些虽未成文，但却一直发挥作用的村规民约和做法："不干正事上不了族谱，死后不能树碑""不管谁家的小孩走歪道都可以教育""小孩要混账，街坊邻居都得劝"。善疃对年轻人走正路，行善事给予极大重视，对后世子孙的品行以村规民约的形式做出了严格的规范，村规民约的存在也让这个村子带上它独有的特点和魅力。

在姜氏宗祠西面的老年活动中心的墙上，展示着善疃村着力弘扬与传播的传统文化教义，有关"忠孝善悌"等传统文化内容详细而广泛，教化意味不可不谓之浓厚，在其中一面墙上还在宣传着"以廉为宝"的内容，宋子罕以廉为宝，其知弥精，其所取弥精；其知弥粗，其所取弥粗，意在教导村民取之有所，而子罕以不贪为宝也与现在我国一直倡导的"反腐倡廉"不谋而合。

传统文化思想教义是善疃村村规民约的一个组成部分。不置可否，传统文化中仍然存在着很多不符合时代精神的内容，但同样重要的是，传统文化是我们思想精神的内核，是数千年历史底蕴的积淀，并不能因为时代原因而被全盘抛弃。没有过去和历史的人也同时失去了未来和归属。虽然经历了各种时代的原因，但善疃人仍然坚守历史底蕴，发扬传统文化，取其精华，去其糟粕，在善疃这一方土地之上，这些独具传统特色的村规民约，让这个村落里的人也都愈发淳朴善良。

除了这些具有传统特色的村规民约之外，善疃也与时俱进，紧追时代步伐，而这些具有现代化的教化内容构成了该村村规民约的另一部分内容。“丧事简办，移风易俗；婚事新办，移风易俗”等符合现代政策倡导的村规民约清晰明了，并在村委办公室进行公示张贴，意欲教化村民节俭内敛，符合新时代的要求。

或许是村规民约对人的教化，让这里少了几分戾气，多了些许宽容，在这个山清水秀的村庄里矛盾争议很少发生。偶尔有争议或邻里有矛盾时，除了由老村长出面协调外，村里还成立专门的调解组织：“善疃村调解委员会”，负责处理邻里纠纷。

左丘明在《左传》中曾说，“惩善而劝恶”，要发扬好的事情，惩罚坏的事情，而村规民约的存在不仅仅可以达到“惩善而劝恶”的功效，更能在村民心中播撒传统文化的种子，实现文化的回归，让善疃人心灵有归宿，精神生活越发充实。传统文化的失落让现今的国人和社会产生了很多难以解决的问题，而这些将传统思想与时代发展相结合的村规民约恰好唤起了人们的文化自觉和自信，促进了文化回归，为村民个人进步和村落集体发展提供文化养分。

百福图

建桥、修路、整河道

自古以来,修桥、铺路便被认为是行善积德之举,是为子孙后人积福。但行善事者或许只是出于内心最原始的一份善行与柔软,获得一份善良的幸福与快乐,而无关其他。在这个美丽的村庄,也时常上演着这样予人温暖,予己幸福的举动。

走进善疃,村中一座石桥格外引人注目,人来人往,这是村里四通八达的必经之地。走近一看,桥上细细镌刻着花纹,同时桥上刻着"功德桥",功德桥静立于村中,厚重而挺立。而关于这座桥的来历,背后也有着一段低调行善的故事。

村中本来有一座桥,因年岁已久,风吹雨淋,在2003年的一次大雨过后被冲塌了,但这座桥不论是对村里人的日常出行还是交通运输都极为重要,因此冲塌之后给村里人带来了极大的不方便,严重影响了村民的日常生活。在得知这一事情之后,从善疃村走出去的姜德伟便主动低调地修建了这座桥,村里人说从资金到建筑工人再到全部完工,前后共花费20万元左右,这些都是由他一力完成的。村里在建桥结束之后,曾想将桥命名为"德伟桥",但是由于他一向低调,始终不同意,村里最终将其命名为"功德桥"。

自功德桥至204国道的村路是善疃村民走出山村连接外界的必经之路,由于村里集体经济缺乏,无法拿出资金修建道路,这条婉转的小路崎岖不平,尤其遇到雨雪天气更是泥泞不堪,给村民出行带来诸多不便。2005年,姜德伟带领他的施工队自带工具和水泥、沙子等原材料,硬化了从功德桥向东途径村委一直绵延到204国道的村路,同样是低调行善,造福乡亲,至今为村民津津乐道。

如今功德桥静静挺立于村中央，柏油路绵延在善疃南北之间，虽然做了这些善事的人并未高调张扬，但村民不会忘记，善疃也将铭记。亚里士多德说“幸福即至善”，纯挚的善良让人获得极大的幸福，低调付出而不欲人知的善良之人心底是最踏实而幸福的。这种善行，无关其地位，而在其内心；并非出于勉强，而是发自本心；意欲低调行善，实则早已深入人心。

姜德伟（1958 年生），善疃村人，15 岁时因各种原因辍学的他，受了很多苦，他回忆道：“我开始在生产队的五队干活，那时候年纪小，给人家种瓜时，我从简单的浇水工作开始做起，慢慢过渡到放牛放羊。那时候因为年龄小未成年，挣的工分少，只有 4 分。1974 年，我 17 岁的时候被调入专门搞建筑的专业队，参与了功德桥前身的初期工作的建设，后来参加了“战山河”运动修建善疃水库，在农业学大寨时期曾多次随着“战山河”队伍到别村工作。当时整个回里镇有 700 多人参加“战山河”，男女都有，还有一个妇女连。那时候是统一的军事化管理，有总指挥，还设有连长、排长等岗位。住宿也是看情况安排，一般是离家近的时候回家住，离家远的时候就统一住在宿舍里。一直干到 21 岁我才回到村里，还去修了一年水渠。

22 岁时，我开始给生产队拉马车，主要是往山上拉土、拉粪，那时候只有我们俩人负责这个活儿，还包括装车、卸车等工作。一天拉几趟也是看情况，不好说。累是累点儿，但是当时我已经可以挣到 10 分工分了。只不过当年我曾被马踢掉 5 颗牙，这个事情现在想起来还历历在目：某一天下午，我赶着3匹马去拉粪，赶其中一匹的时候被另一匹马给踢了，当时踢掉了几颗牙。那时候年轻，本来没当回事，结果晚上回家后一直吐血，在回里镇医院也治不了。第二天才赶紧坐火车去桃村医院，在火车上和医院里晕过去一共3次。后来医生看过之后，把其他快掉下的牙一起拔掉了。当时也没住院，看过医生之后很快就回家了。"

后来姜德伟在村里做瓦匠工作，23岁的时候，加入了村里的瓦匠队，开始正式从事瓦匠这一行，一直干到28岁。他说："在瓦匠队的时候，队里一共有10来个人，主要是在本村和邻村盖房子。平时干活的时候，一般是一家三四个人，多的话是五六个人，很辛苦，对每个瓦匠工的要求也挺高，要求相关的各种活儿都要学会。"到了20世纪八九十年代，姜德伟与村里另外两人作为股东，承包204国道的部分修建工作，从此之后，开始从事建筑企业相关工作，并不断积累。从20世纪90年代开始到现在，不足40年的时间，他将自己的事业发展得很快。他说："要说起其中最开心的事情，也不少，但我认为最享受的是这不断创业的过程。从农村孩子出来，每办成一件事情，首先考虑的不是它能带给我多大利益，而是它能带给我多大的成就感。我有一个企业就够我生产了，但是我在有能力的情况下还是会投资下一个产业，因为这个时候想追求的是更大人生价值的实现。但是相应地就得付出得多，到现在为止，我一年当中都没有礼拜天，早晨7:15到公司，晚上都是天黑以后回家，夏天天长的时候回家得8点多。因为在接近下班或下班之后，各种打扰都会少，像今早上电话一个接一个地打进来，就没法静下来好好做事。我们管理层就常常利用下班前后的时间聚在一起商量事情，在没事的时候自己也好静心思考。”

姜德伟在事业上取得了成功，这与他敏锐的判断力和强有力的执行密不可分，但更值得一提的是，他忠厚为人的品行。善疃村人对他的评价皆是忠诚厚道，不忘乡人。即使他已经走出了善疃村，在外面做得非常好，但如果家乡有事情，他依旧热心地提供帮助，低调为人，造福乡里。同时，作为善疃姜家人，在族里几位老人提出想要重修姜氏宗祠，却苦于无力筹集资金时，他立即表示，自己可以全部承担家族祠堂的重修过程中所需要的资金。

从最开始在村里集体劳动，做瓦匠，到后来承包204国道部分工程，再到逐渐走出去，深入开展建筑工作，支援家乡，尽自己所能反哺这个成长的地方。这一系列的过程，仿佛都在他身上显得如此流畅自然。他说：“我承认自己确实为村里做了一些力所能及的事情，这个发自内心来说，我觉着有两点：第一，村里是生我养我的地方，我一辈子都会放在心里。第二，我现在有一定的能力和条件，我觉着力所能及为村里出力是应该的。总体来说，我这个人做事有一个原则，就是基本上不考虑别人怎么看我，只是考虑我该怎么做，对善疃、对善疃的乡亲也是这样，无愧于心就行。”踏实努力却又思想灵活，开放自我，且能回馈乡里，低调为善让人心生敬佩。一善染心，万劫不朽；百灯旷照，千里通明，善在他身上体现得尤为突出。

2008年秋天，善疃村为响应号召“净化美化新农村”，开始着手修整河道，对河道进行浆砌，把固定河道的石头统一改为甲级石，修整漫水桥和拦河坝，河道两岸进行绿化、亮化和硬化，由村两委主要负责。在河道修整过程中除了政府拨付的15万元之外，村里人还进行了募集捐款，其中，姜德伟捐款20万元，承包村山岚的刘刚捐款2万元，姜松、林佳玉，投资纸管厂的刘建锐、胡佳素等各捐款1万元，吕焕昌捐款5 000元，安忠南、安忠宝、肖明奎各捐款2 000元，吕明江捐款1 000元，姜德告捐款500元，还有其他村民纷纷根据自己的能力，都贡献了自己的一份力，总共投入500多万元，主体工程2008年结束。如今，在村里人一致的努力之下，河道整洁，家乡善疃也愈发充满活力与魅力，站在高处，山明水秀，风景秀丽，宛若世外桃源。

功德桥 1

功德桥 2

漫水桥

三、枕善之居

曈人善也，居于善所。善曈村以善为美，对善的崇尚和追求在从古至今的居所中也有淋漓尽致的体现。不管是至今留存的老宅、旧式进院，还是古今均建有的合院式建筑，从院落设计到门面装饰，无一不表达着村民对善的美好期许。

村中老宅静静立于其中，悠久而亲切，古老又柔美，仿佛一位睿智的长者：见证了善曈岁月的变迁，讲述着代代善曈人长居于此的生活印记。村中新老房子交叉分布，无统一规划，1984 年以后修建的新房子有 100 多栋，之前的老宅有 800 多栋。目前，村中大部分房屋均有人居住，据村民姜典新描述，村中的一些老宅已经没有人居住，现今也只是留着不拆也不修，得以保留着其最原始的模样，讲述着枕善之居最初的记忆。

老　宅

村里的老房子开始都是建造三间，后来出于宽敞的需要渐渐开始建造四间、五间。老房子包括砖石混合结构和石木结构两种，是典型的生态型民居建筑。如今村里的新房子都是砖木结构，房屋用砖比较常见。颜色素雅的青砖，更显整齐划一却少了些许古朴的意味。善曈老房子的建筑材料与当地盛产和选用的建筑材料息息相关。

善疃村多山，有大量的石灰岩，它属性均一稳定，开采加工方便，石料的耐压防潮性能也很好。村民们充分利用这种岩石的物理特性，就地取材，经济便利之余，还与当地的自然环境相呼应。据村民说，以前山上有洪水的时候会将一些石头冲到村落里的居住区，村民便以此为建筑房屋的材料，有的村民还会特意到山上开采石材，所以老宅的墙面多以大块未经加工的石块砌筑。村民们通常直接将山上的天然石块砌成墙，形状上也不需要整齐划一，将大自然的质朴美发挥得淋漓尽致。

善疃的不少老宅至今仍然保留着诸多带有年代感的装饰。站在大门前，门上的门簪和砖雕最先映入眼帘。古代仕女梳妆打扮，青丝高髻，头发上往往还要簪鲜花金钗。发有发簪，门有门簪。古代打扮宅院的门脸，也用“簪”，称为“门簪”。门簪往往安在街门的中槛之上，用大的木销钉将连楹结合在门框上，用以固定和装饰大门。古语“门当户对”中的“户对”就是指“门簪”，它是中国传统建筑构建之一，与门当相对，为门楣上突出之柱形木雕（砖雕），上面大多刻有以瑞兽珍禽为主题的图案（通约 33 厘米），因一般以双数出现，故名“户对”。在传统社会，户对除了有镇宅装饰的作用，还是宅第主人身份、地位、家境的重要标志。户对早在汉代时已出现，当时为官宦之家院落的专属，一般纯圆柱形为文官，六边形方柱为武官，家有喜庆时专门可悬挂灯笼之用。无论是作为固定门的构件，还是作为门框的装饰品，户对多种多样的外形，都寄托着古人对于美好的期望，代表着房子主人的精神信念。

随着历史的发展，在寻常百姓家庭修缮房屋的时候，也会效仿古时在门框上装有门簪，做固定和装饰用。门簪的形状规格亦不局限于传统社会，有了诸多发展，包括圆形、正方形、长方形、菱形、多边形、花瓣形等多种样式,正面以四季花卉或瑞兽珍禽等图案为主,以丰富多彩的纹样进行装饰,也有部分门簪顶端撰写有四季平安、吉祥如意等寓意吉祥的文字内容。善疃村的门簪两枚居多,装饰图案有花卉图案、云纹等纹饰内容,煞是好看。

在善疃几乎每户房屋屋顶下面都嵌着四块大小、形状相同的方砖,在当地被善疃人称为“扬场砖”,在古代建筑中,它们属于硬山式建筑物的构件之一,即戗檐板。虽然扬场砖在整个民居建筑中墀头占据了很小的面积,几乎可以用渺小来形容,但是它所处的位置特殊,最能表达出屋主与建筑们的心愿、情愫,让整个墙头充满生气,是屋主心声的形象化表达。老房子四周有很多浅浮雕的砖雕,纹饰内容多为动物纹饰和植物纹饰,从图案可以看出多为“福禄寿喜”等吉祥如意的内容,这些浅浮雕的位置多为房屋四角,美观装饰房屋的同时,也承载了房屋主人对美好生活的期许。

善疃村落中比较有代表性的老宅是地主姜其利的老房子,据村民姜典新描述,曾经姜其利的老宅很是气派,门口有四个门,平时进出都走小门,有客人拜访才走大门。林学敏还提道,早在 2005 年的时候,烟台福山区宣传部的孙海云女士曾组织相关演艺人员在此间老宅里为电视剧《温暖》取景,后来 2006 年这所老房子的房顶被白蚁侵蚀不得不拆掉一部分改建,很是可惜,或许后人还可以到《温暖》中找寻到姜其利老宅的星星点点的光影。现如今前门还在,可已不再是当年辉煌的模样;后门在前些年已经被拆了,由政府补贴盖了平房。姜其利的后代都不在这所老宅里居住,偶尔还会有人前来打扫。站在大门外,看到墙面的老式砖瓦被换掉了一些,夹杂着些许新瓦,是岁月交织的痕迹。走进院落,发现它经久失修已经有些破败了,老房门勉强可以挡住风雨的侵蚀。进入屋内,会看见零散摆放着的旧式座椅、旧式自行车等老物件，墙上还挂着摇摇欲坠的老照片，满满的年代感。伴着院落里两只大白鹅挥动翅膀发出的声响，那些已经有些残缺不全的门窗和老物件仿佛在诉说一个又一个古老又辉煌的故事。

门簪

姜其利的老宅

戗檐板

砖雕

三合院

善疃的民居建筑样式为独门独院居住的庭院式建筑，也就是合院式建筑，是我国北方地区的传统民居形式，以三合院以及一正一厢的二合院两类样式居多，都只有一个庭院，由墙、篱笆等建筑实体四面围合而成。其中，三合院最为普遍，它是由北面三间，或三间半正房、东西各一间厢房和南面院墙构成。南屋靠近街道，在南面的院墙上留出一间过道，出入院子的大门就被安置在这里，当地有许多住宅只在一侧建厢房，不仅使院子相对宽敞，还可以在没有厢房的一侧院墙上设置猪圈或者作其他用途，充分利用院落的空间。还有一种说法是在当地没有南屋的房屋被叫作“穷人房”“伙计房”。当地有“四六不存财”的说法，所以，在善疃看不到四间和六间的房子。

三合院的房屋分布明晰有序，体现着传统农村社会的礼治秩序与人情礼仪。过去南屋一般都是会客、议事，或祭祀、安放祖宗牌位的地方，进进出出的人较多，人流大。为了方便出入，南屋或南墙与东西厢房的距离大于正房与东西厢房之间的距离。正房也就是北屋，正中一间最宽，两边的要比中间的略窄，在宽度上一般都相对称。正房中间的一间一般兼厨房、客厅和餐厅三个功能，供会客、聚餐之用(暂称其为客厅)。传统的客厅南面东西靠墙各有砖垒的灶台，一面有灶台，一面放煤气灶等，也有的人家没有灶台，放煤气灶和其他厨房用品。靠北墙位置中间放置餐桌椅，两旁放置橱柜或其他桌柜。客厅两侧的房间，称为东、西配间，是用作睡觉和休息的卧室。东西厢房和南屋则多是用来储存粮食和放置杂物的地方，人口较多的家庭也用来做卧室。在整个房屋的布局上，有一定的讲究，北屋最高，东西厢房次之，南屋最低，南屋与东西厢房可一样高，但不能高于厢房，最忌南屋高于北屋，就是民间俗称的“忌耳比头高”。在南屋的过道上方，往往会布置有木质，或者高粱秸铺就的顶棚，可以放置工具，或者杂物，也有人会在过道侧墙上挂置农具。正对着过道的东厢房南侧墙上，一般会有照壁，俗称影壁墙。不论是选址，还是构造上，房屋的建造都寄托了人们的美好愿望，比如，北屋要与四邻保持一样的高度，构成“四平八稳”的格局，给人以稳定、坚固的感觉。

在善疃的许多宅院大门边或屋后临街的院墙上都嵌有拴马石，据村民说，这是以前的老辈们用来拴马、牛、驴等牲口的，过去大部分合院院落都有，一般是用青石凿出一个可以拴住绳索的孔洞，直接砌在墙上。大部分的拴马石都比较简单甚至简陋、没有纹饰，曾经比较富裕家庭的拴马石一般是经过仔细雕刻的，比较精致，所以从现存的拴马石的样式和纹饰大致可以判断房屋主人的富裕程度。

在过去，拴马石发挥了巨大的作用，因为当时几乎家家户户都养牛、马、驴等牲口，平时是家家户户驮东西、赶道等不可或缺的好“帮手”，每到农耕时其拉犁耕地、驮运东西等角色更关键。所以家中置有拴牲口的东西，是老一辈盖房子时首先要考虑的问题。渐渐地，大家都会在自家墙上嵌入一个拴马石，这成为修建房屋必不可少的一个部件。

在今天，伴随现代生产技术、生产工具和交通工具的发展，牛、马、驴等已逐渐退出生产和交通领域，也不再是农村家家户户必备的“成员”之一，拴马石也退出了历史舞台，20 世纪 80 年代以后修建的诸多新式合院院落已不再安置拴马石这个部件，使得拴马石成为传统农耕经济的重要文化记忆和历史见证。

除了拴马石，善疃一些合院外围的影壁墙和泰山石敢当甚是显眼，村民介绍说这是根据各民居的风水而设的，具有镇宅辟邪的寓意。影壁墙又被村民称为“照壁”，或“屏风墙”，独立或依附于其他墙体存在。传统意义上的照壁大多为大门内屏蔽门。在善疃的民居中传统的照壁已不多见，现在存留的基本都是民国以后设立的。村民姜典新说各家根据实际情况将照壁设置在大门外或大门内，以前主要是考虑风水的因素，在正对着马路的地方设置照壁以挡住晦气，所以多为“福”字，当然也兼有遮挡外界向院内的窥探目光的作用。善疃村照壁按照时间划分为当下建筑中工业化造型的现代建筑形式和原有传统村落建筑形式两种类型，后者留存至今时间较长。较老的照壁形式，多为书写“福”字或者图形化的“福”字内容，多用一些书画颜料勾画而成。新的现代建筑中，照壁多为瓷砖贴制而成，内容多以“竹报平安”“一帆风顺”等吉祥图案内容居多，内容丰富多彩，增添了现代气息但缺少了民间美术独有的那份淳朴自然之态。现存的照壁多面对大门口建造，处在大门的内侧，后期很多简单照壁多用于春节的时候张贴春联、福字等。

“泰山石敢当”作为镇物，顾名思义镇宅辟邪之物，它成为我国传统民间信仰习俗之一，由来已久。镇物物品种类繁多，有神像、佛经、道经、神符等供奉之物，也有七星宝剑、青龙剑、古代战刀等武器，还有房屋建筑的各种小物件。在《鲁班经》中，记述了六项有关阳宅镇物：一为山海镇，二为石敢当，三为八卦太极图，四为门前镜，五为一善牌，六为影壁。在善疃民居建筑中这些阳宅镇物有的依然可见，如附设在墙上的泰山石敢当、驱邪镜及嵌于山墙上的刻有文字图案的石板等。古时候有很多禁忌和崇拜，“泰山石敢当”就是其中之一。在善疃的桥道要冲一般都竖有用红色颜料雕刻的“泰山石敢当”的石碑，在正对桥口路楼的房屋墙壁上，镶嵌刻有“泰山石敢当”的石牌，传说可镇压一切不祥之邪，至今依然甚为流行。

现如今，善疃又建造了不少新式合院，虽然建造的石材和之前早已不同，很多承载着深厚历史的房屋部件也已不再使用，但是新老合院的交织分布却像是在弹奏一支美妙的协奏曲，浅吟低唱，向世人讲述专属于她的变迁记忆。

拴马石

影壁墙

泰山石敢当

二进院

说起善疃村目前唯一保存完整的二进院民居，村民会不约而同地提起村民姜典清家的二进院，那是一座距今已有92年的老宅。门口台阶很高，仿佛在昭示着建院人家当初不俗的社会地位，姜典清（1946年生）说小时候会跳台阶玩，乐此不疲。来到大门前，门口的牌匾写着福安堂，是当初建房时自己起的，经过岁月的打磨，牌匾依然透露着姜典清的父辈们对美好生活的愿景。

姜典清家二进院由南院和北院前后两个院落组成，北院原来由一座正房、东西两个厢房组成；南院由正房、东西厢房组成，连接两个院落的是位于院落西侧的"过道"，走过狭长的过道进入里院，不大的院落打理得很是干净整洁，正前方是正房，墙上往往会挂着正在晾晒的辣椒串或成捆的玉米棒；左手边是西厢房，抬头便可以看到很有骨感的葡萄架，茂密又青葱，若是秋天还可以看到晶莹剔透的葡萄挂在枝头，静静地装点着这古朴的院落。

院落中的棂格窗很有年代感，由古木架构而成，窗格大小几乎一致。据村民介绍，棂格窗是善疃民居中使用最多的窗子类型，在善疃另外两种比较常见的窗子形式分别是直棂窗和一马三箭窗，窗格装饰纹样主要有直线形、条纹形、柳条形三种。有的人家只是在墙上开了一个小小的长方形口子，窗框只用青砖围砌，也没有彩绘、雕刻装饰，此为更简单的牖窗。

这座古朴的二进院记录着姜典清兄弟两人和睦相处的日常故事，还得从上一辈谈起。姜典清的父亲是长子，还有一个弟弟，在姜典清的父亲19岁时，两兄弟一起盖了此房。据姜典清的女儿姜明荣说，这所两进院这些年一直是她父亲姜典清和她小叔姜典朴居住，姜典清一家和姜典朴一家分住在前后院，并且两人并不是亲兄弟，是同一个爷爷的表兄弟。在这之前，是两位老人家各自的父亲住在这里，因为两家人相处融洽、彼此和睦，所以才各自留给了其儿子居住。转眼之间，姜典清一家在这个两进院已住了 65 年。现在两进院的前院是姜典清一家居住，后院是姜典清二叔的小儿子一家居住，姜典朴 65 岁，23 岁结婚时，就与姜典清一家在此一起住了 42 年。姜典清堂兄弟两家“住在两个院，同走一个门”，关系和谐，平日里有事互相帮衬，过节虽然各过各的，但过春节孩子回来时一定要两家同聚，在村子里一时之间传为佳话。

问起姜典清和姜典朴兄弟俩的相处情况，姜典清的女儿姜明荣却说两家人早已经对和睦友爱的相处模式习以为常，发生的都是些融于细碎生活的小片段，没有轰轰烈烈的大事情，但两家的关系却在天长地久的日渐磨合中愈发亲近。姜明荣还坦言，两家人之间并非如村民们认为的没有一点儿矛盾，“天天在一块儿生活，哪有不起冲突的道理”，只是他们两家人向来有和睦团结的传统，而且又很在乎相互之间的和睦关系，还善于发挥两家女主人和事佬的作用，这才一次次将偶尔发生的矛盾和冲突消灭于无形。说起两位老人日常相亲相爱的片段，姜明荣提到在姜典清 38 岁左右腰椎间盘突出，姜典朴会主动帮姜典清一家挑水、干农活，包括去生产队领物资等事情都是姜典朴主动代劳的；姜明荣还提到在姜典清去世后，她小叔姜典朴对他们一家帮助特别大，体现在当初出殡、日后帮忙农活等各方面。整个过程，姜明荣都在夸姜典朴一家对他们的接济和帮助，对于自家的善行却丝毫未提。当问其他村民的时候，林学敏却提到当初她找姜典朴一家打狂犬疫苗没有找到，正在供销社上班的姜明荣得知后，主动带她回家去给小狗打疫苗并且付了钱，像对待家人一样用心和自然。还有村民提到当初姜典朴家想改造厕所，而姜明荣家早先改造过，设施比较好，他们得知此事后，主动向姜典朴家提出两家人共用一个就行，这或在周边一时传为美谈。类似的友爱小事情还有千万件，当事人，或许根本就没有放在心上，或是早已忘却，却已经悄然印刻在了岁月的长河中，磨灭不去，成为善疃村落中一段又一段美好的记忆。

二进院

棂格窗

接山房

善疃村中还建有比较有特色的接山房、贴山房和八斗房，这得追溯到20世纪。20世纪七八十年代后，村中对房屋建设的公共空间提出规划，缩短相邻房屋之间山墙的距离，仅留下50厘米的小过道，通常被人们称为“山墙滴水”，这样既便于维修也可避免邻里之间发生矛盾。20世纪80年代，为了扩大房屋空间，两户的山墙合成了一个，也就是我们常说的“接山房”。接山房的建设有一定的约定，房屋高矮一致是最起码的要求，而且并不是随随便便两间房都可以接山，一般有亲戚或血缘关系的人家才可以接山，有句俗话叫“不是亲戚不接山”。接山房一般两三家相连，也有的七八家相连的，当地人称之为“一溜房”或“一趟房”。据村民林学敏说，善疃村现今的接山房大都是祖辈留下的，以前盖房子为了省钱，或者弟兄俩等关系好的才共用一个山墙，美其名曰“接山”。村中老人姜法南说，善疃村还有一种房子叫“贴山房”，与接山房不同的是，贴山房的两个房子并不是共用一个山墙，而是两个山墙，只是山墙靠得近、房子之间距离极小而已。

在接山房、贴山房之外，村里的房屋有的墙面是“丁八斗”的结构，由八斗山墙组成的房屋又称“八斗房”，目前在村子南边的方位还留存有一些这样的房子。用村民的话就是房屋底部是石头垒成的，在这之上是扁砖和竖砖交互摆放。八斗房追求的是外观的好看，但是不够结实也不耐住，一般是中农以上等稍富裕的人家才会盖这样的房子。走在善疃的大街小巷，往往会发现形状各异的瓦当和装饰纹样，是村民们生活智慧融于建筑的艺术化体现，也寄托了其对美好生活的向往和追求。

善疃各色民居中多安有瓦当,当地村民称之为"滴漏",有圆形、半圆形和月牙形等形状。瓦当为房屋建筑用瓦最前端垂下的部分,主要功能是免于椽子末端受到风吹、日晒、雨淋等自然环境的侵蚀而枯朽。善疃民居建筑多应用青瓦中的板瓦作为铺设屋面的材料。青瓦是用泥土烧制成的不加雕饰、不上釉彩的瓦件,与青砖的材质相同,是所有瓦当中使用最为广泛的一种,北方也称布瓦或瓦片。屋檐檐口多为青瓦滴水檐口与板瓦一反一正覆盖的檐口,这两种檐口类型风格简洁美观、质朴无华。善疃民居瓦当的主要纹饰以花草纹最为常见,其纹样大体分为:植物纹、动物纹、文字纹(含有文字与动物植物的结合纹)、几何纹等。植物纹多以石榴等为内容,取"多子多福"之意;动物纹主要为蝴蝶纹、龙凤纹等,其中龙凤纹为寺庙建筑最多;文字纹以"福禄寿喜"居多,取祥和之意。

善疃的建筑装饰纹样则多以团花纹、寿字纹、五福纹等纹样为主,都寄托着吉祥美好的寓意。人们会将这些纹样装饰于屋顶、墙面、门窗等处,也象征着会拥有幸福美满的生活,是广大劳动人民最质朴、浑厚、真实、积极的思想情感的表达,在多如繁星的装饰纹样图案中,到处都能够反映出这种情愫、精神和艺术寓意。在善疃的房屋四角、建筑牌匾以及部分门板等角角落落,总能捕捉到善疃部分民间绘画作品的踪影,多富有"喜上眉梢""梅兰竹菊""琴棋书画""福禄寿喜"等吉祥美好的寓意,传达出房屋主人祈福家庭和睦美满、幸福健康的美好愿望。

接山房

贴山房

瓦当

四、追远寻宗

追寻过去，回忆先祖，是每个中国人凝于血液的执着追求，在追忆先祖、传承经典的过程中，找到历史与归属，从而指引自己走好前方的路。善疃人在重建宗祠、重修族谱的过程中追寻着自己的根源与历史，在节奏日渐加快的现代社会中重新获得归属与心底的一份安宁。追远寻踪的过程，也是每一位善疃子孙再次重温祖训与经典的过程，在这日益浮躁的大背景中，指引着每一位善疃人心怀敬畏与祖训，坚定地走向未来与远方！

追远堂

走进善疃，一座传统式的祠堂建筑坐落于村中央，格外引人注目。追远堂是善疃村现存的唯一一座传统祠堂建筑，是人口占村人口总数70%左右的姜姓的祠堂。它位于村河流善水河西畔，村中心位置，是一座胶东传统村落四合院建筑。同时，善疃姜氏宗祠是仅次于四川姜子牙女儿姜俊修建的祠堂，是我国姜氏第2大祠堂，在2016年春天，姜氏家族组织人手对追远堂进行修缮，传承姜家经典，记载善疃村的发展历史，为我们追寻传统提供参考和借鉴。

姜氏宗祠取名为“追远堂”包含了姜氏先祖对后世族人的深切期盼。“追远”传说为姜姓祖宗的一个堂号，由善疃第一代姜氏子孙姜子良时确认，并将“追远”寓意为追赶神农氏、姜太公。《论语学而》有：“曾子曰：慎终追远，民德归厚矣。”旧时被译为“谨慎地对待父母的去世，追念久远的祖先，自然会培育出忠厚老实的百姓”，意在教化人谨慎从事，追念先贤。因此“追远堂”，取“慎终追远”之意，也是想要警示姜氏族人追念已逝贤德的先人，不忘祖先奋斗的历史，谨慎做事，传承家族。姜氏祖先在最初建立追远堂时曾寄予的美好的愿景，随时光轮回被后世子孙不断发展，谱写了一曲壮丽激扬的时代之歌，传承着一部悠久绵长的家族史书。

2016 年春天伊始，姜氏族人开始对追远堂进行重新修缮时，面临的一个重要问题便是如何能够更大程度地恢复它的原貌，而距追远堂修建已经有如此长的时间，在这漫长的岁月中，它曾历经多少变化，我们不得而知，而关于追远堂的建立时间有两种说法。

村中多数人普遍认为追远堂始建于道光三年(1823)。据村中老人介绍，1821 年，道光皇帝即位，道光三年的七八月份，村里发大水，白沙源的大水从河套中冲下来，追远堂前后的几栋旧房子被大水冲垮，由于追远堂刚刚建成，是新建筑，比较结实，完好无损，村中大部分人认可这种说法。

还有一种说法是追远堂修建于康王后代，具体时间不详。据莱西水集街道姜家泊的姜氏朋友的家书记载，善疃的姜氏宗祠是中国姜氏第二大祠堂。2016 年春，祠堂墙裂开，在瓦匠抹灰时，才发现祠堂早期已维修过，根据老祠堂墙皮粉刷情况推测，老祠堂至少被修过三次，第二次和第三次维修都无记载，因此不得而知。

在新中国成立初期，姜氏宗祠曾用作过村小学和集体供销社，曾经在这里读过书的那些孩子们，笑语嘻声仿佛依然清晰，但曾经那些青涩孩童如今却已变为神采奕奕的老人。不变的是，依然在它身旁持续陪伴，曾经的追逐嬉戏变为现如今下棋聊天的和乐场面，一如这个村庄带给人的感觉，温暖静谧且给人希望。

但在供销社多年的经营过程中，祠堂受到较大程度的损害，让人颇感欣慰的是胶东民居祠堂建筑的建筑构件、雕花构件以及建筑绘画等依旧保留。这也为此次祠堂修复，更大程度地恢复原状提供了便利。

追远寻宗，凝聚家族是中国人融于血液的执着追求。因此，在姜氏宗祠遭到毁损之后几十年，2016 年 5 月，在族人的殷殷期待中，姜氏家族终于又重新开始将它修缮，重修的追远堂远看古典端正挺立于善疃中央，近看精致传统不失内敛。走近追远堂，环看四周，在这座典雅不失美丽的宗祠西面有一排新建的七间房子连成一片，格外引人注目，在最北面的墙上，一幅生动又极富寓意的百福图跃然眼前：最中间的是由各式字体组合而成的“百福”环绕三圈，望之心生喜悦；“百福”的两侧是一副对联赫然在列，“天增岁月人增寿，寿比南山不老松”；对联的两侧是相互对称的锦鲤戏荷图，骤添灵气。整个“百福图”都呈现出一排安宁祝福之意，而就在“百福图”后面，便是老年活动中心，三三两两的老人或是下棋，或是闲聊，与“百福图”相互映衬，更显其祥和祝福之意。

由百福图向东而走，便是姜氏宗祠了，立于门前观望，蓝底黄字“姜氏宗祠”四个大字在牌匾上自右向左依次排开。追远堂坐北朝南，倒座五间，是一座传统四合院结构，有南屋五间，东西厢房各三间。整体给人的感觉自是古典雅致，尤为让人惊艳眼前的是宗祠各处建筑瓦料、排列不一而足，让人赞叹眼花缭乱。屋顶瓦皆为仰瓦，正面远望像一片波浪纹，斜望像鱼鳞，这种屋顶的做法比仰合瓦要求高。护封檐的砖檐有别于普通民居，用青砖做成三级倒宝塔状。两侧的墀头戗檐砖雕为阳雕一笔写成的“福”“禄”。大门和四角的角柱石选用青石，凿刻细致。腰线以下用当地产麻石错缝砌成，表面粗凿“V”形纹。山墙腰线以下则用本地产杂石乱拼，腰线以上部分到山尖除了两块挑檐石外，全部用青砖勾白缝处理。为了不显沉闷，青砖扁放，每四层一组（上面为五层一组），错缝处理，第五层则把砖加工成小方形依次排列。整个五间倒座看上去虽普通，但这些细节的处理，足见当年建造者的匠心独具。

宗祠门前，两个威严端正的石狮子挺立于大门两旁，似乎是在守护这个饱经风霜却依然屹立不倒的姜氏宗祠。而在此之前宗祠原有的大门已改，门前原有石狮子一对，也随时代变迁而被毁，但在此次重修祠堂过程中，又将其重新复原。石狮西侧一个石头书卷赫然出现在眼前，上书“捐资修谱功德碑”。

站在宗祠门前，两道红色精致木门完全大开，追远堂便如藏在深处的身影般缓缓现于眼前。走进宗祠，最引人入胜的是整个祠堂建筑最为精美的正房——追远堂了，追远堂为五架梁结构，砖笆，出厦，东西两间略窄，中间三间向里缩进一米多，大门上有一蓝底黄字大匾，上书“追远堂”三个大字。院中西厢房已拆改，东厢房三间，出厦，保留完好，两侧戗檐砖雕为团寿图案。

正房屋顶用仰合瓦，一层飞椽，一层檐椽。南侧东西两侧的戗檐砖雕为“鹤鹿同春”，北侧为“狮子绣球”。两侧山墙的排山沟滴用“福”字瓦当，屋顶的脊兽和垂脊兽已毁，现已按原貌修复。正面四根黑漆檐柱，中间两根外露，上面雕刻对联“祖功神农照日月，钟德尚父壮山河”。东西两根半嵌墙里，两边面对面各有两扇木门。檐柱下为鼓形柱础，探出的抱头梁阳雕祥云，下面紧贴一根张口螭龙状雕头小梁。抱头梁之间的木板上，雕刻着祥云、寿字、二龙戏珠等。再下面是穿插枋的探出部分，雕刻祥云卷草纹。中间金柱部分为四扇四抹头隔扇门，中涤环板雕刻二龙戏珠，裙板素面，蓝漆斑驳。心屉部分中间两扇为工字卧蚕“步步锦”，两侧为码三箭。横批窗为靛蓝色“步步锦”。隔扇门上的走马板分为五块，中间三块为圆形透雕花格，其中，左、右两侧为“万字不到头”，中间为“灯笼锦”。正房“追远堂”坐立北方，端正严肃，而在祠堂院落西侧，有一石碑，碑下为赑屃，象征着长寿和吉祥；头部奋力向前昂扬，努力地向前走，并且总是不停步，似在细细向人诉说姜氏宗祠的故事，上面书写着如下内容：

宗祠重修记

姜氏宗祠，据传是为纪念姜氏先祖齐康公所建，是全国十大宗祠之一，宗祠建于何年待考，少说也有数百年历史。几百年来世道变更、自然灾害，历经数次劫难保存至今确属不易，实乃家族一大幸事。祖宗虽远然祭祀不可不诚，现在的宗祠破旧不堪。幸有族人姜德伟捐资 120 多万元，得到上级大力支持，共投 170 多万元在原址重建。施工中占村民资产，补偿 25.15 万元（见此碑后）；广场花岗岩大理石铺地并建亭子一座；西面建房七间，其中，四间为老年活动室并配套室内设施；投资 4.5 万元在北山墙建照壁；东面硬化 400 多米^2 停车场，还有其他零星设施。工程自 2016 年 5 月开始，至 2017 年 4 月底全部竣工。

在此对功德较大的投资人姜德伟、工程策划人姜国玺、工程监理人姜学玉以及无私支持我们工作的村党支部书记、村委主任刘文峰先生，友人安忠宝先生、邹积权先生表示衷心感谢！

为了彰显功德,特刻石碑予以铭记。

姜氏宗祠修缮与族谱编撰委员会　立

2017 年 5 月 17 日

进入追远堂,眼前的一切精致华美却不失古色古香。在姜氏宗祠中,有大量的建筑绘画,左耳房上面有两幅,上面一幅是“喜上眉梢”,另一幅画的是“一个老人抽着烟袋牵着一匹马行走在田野中”。右耳房画的是喜鹊牡丹图。正房的左、右两间是隔扇窗,从左到右画着六幅二十四孝图,分别是:刻木事亲、卧冰求鲤、哭竹生笋、孝感动天、老莱娱亲、百里负米。两侧各有两幅水墨画:左面一幅画的是仙人对弈图,而侧有童子服侍;右面一幅画的是童子献寿图。水墨绘画造型比例准确,笔墨熟稔老道,面部敷彩,栩栩如生,是难得的窥探古代胶东绘画艺术的珍贵资料。

姜氏宗祠里最先看到的是悬于正中央的姜氏宗谱,正殿进门迎面中间一间金柱和后檐柱之间上部是一个毗卢罩,善疃人称“暖宫”。整个毗卢罩全部为木制,穹隆式顶盖,里侧左、右两边垂直,前面、顶面、背面三面有坡度,左、右走马板对称,中间三个圆形镂空雕刻图案,两侧的为变体寿字,中间为万字纹,下面一排残损严重,依稀可辨有万字纹。毗卢罩正面,上面一排画罩下仰,分上、下 2 排六个部分,图案皆为透雕,中间都有一个圆形的寿字,底纹则为灯笼锦和万字纹。正面下垂的四个莲花柱之间,角上雕螭龙。毗卢罩的东西两侧原来各有四扇隔扇门,可惜已毁无存。整个毗卢罩饰以朱漆,雕刻繁复精美,保存基本完好,可以想见当年姜氏修建祠堂的实力和用心。

新修复的姜氏宗谱挂在祠堂正殿中间,宗谱贴墙而挂,上起墙顶下至八仙桌,约一间房宽。宗谱上写着姜氏历代先人,男左、女右,宗谱两旁悬挂着九联字画和两幅画。这些古典的建筑与陈设是姜氏家族的传承和发展的最好见证。

姜氏宗祠不仅外观精美，建造结构考究，更是注重其内容。因此，在祭拜仪式上姜氏族人十分注重。20世纪30年代前，在过年的时候，姜氏后代有到追远堂拜宗的习俗。宗谱下面的贡桌，过年时摆满贡品。供桌前面的八仙桌上摆放猪头、羊，有时是整猪、整羊，还有菜、大饽饽等，贡品旁边摆放香炉、香台、酒盅、盛香的香筒、铜器，铜器是铜钱串起来盘成龙样的一个吉祥物，大约长40厘米，盘成一堆非常壮观。

每年的腊月三十负责贡神主的家庭负责摆放贡品，正月初一姜氏各家由男性长辈带领男性后辈纷纷到祠堂烧香、烧纸、磕头祭拜。其中，有三种磕头方法：磕一个头、四个头和九个头。磕一个头的磕法是作揖后磕头；磕四个头的磕法是在八仙桌上摆放三个酒杯，然后添酒、进香、磕头；磕九个头的磕法是先作揖，磕三个头，然后进酒，磕三个头，最后进香，再磕三个头。过年磕九个头的不多见，一般是比较隆重的庆典，家族请和尚道士做法事，磕九个头。

姜氏家族规定十户为一个小组供奉祖先，十户每年轮流负责摆放供品，祖坟周边的十几亩地的收成归供奉者。由于姜氏人口较多，这样的规定既能有序可持续地供奉祖先，又有利于姜氏家族的团结和发展。

宗祠是一个家族血脉相承的象征与寄托，祠堂的每一个历史的痕迹都在记录下姜氏族人这些峥嵘岁月，让后世族人也以此为傲，砥砺前行，让姜氏族人血脉相连。

追远堂

百福图

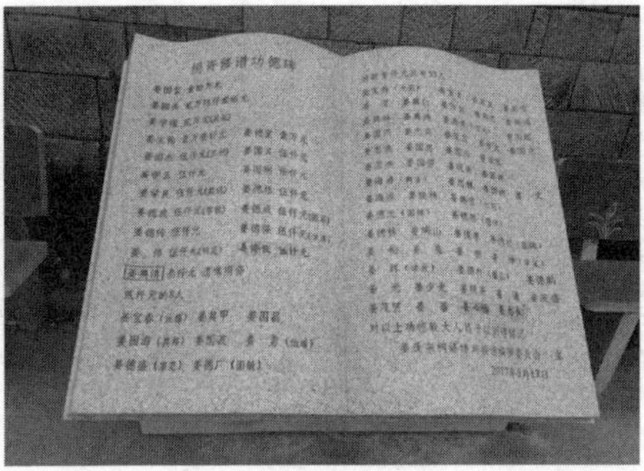

捐资修谱功德碑

宗祠重修功德碑

祠堂建筑绘画

姜氏族谱

姜氏族谱

“先人美德子孙继，祖教家训后嗣承。”善疃姜氏子孙自明代迁居于此，自第一代祖先姜氏子良之后，便在此地世代而居，辈辈相承，后因世代沧桑，宗祠虽已万幸得以保存部分踪迹，但姜氏族谱确被毁于一旦。追忆过去，寻祖归宗，传承家族历史是中国人永恒的执着。

不仅是出于姜氏族人的渴求，时代发展也为此次族谱的重新修缮提供了契机与支持。国家文化部办公厅 2001 年 2 月 7 日“关于协助编好《中国家谱总目》的通知中指出：家谱是记载同宗共祖的血缘集团与世系人物和事迹等方面的历史图籍，是我国宝贵文化遗产重要的一个组成部分。家谱中蕴藏着大量有关人口学、社会学、经济学、历史民族学、教育学以及人物传记和地方史的重要资料，对开展学术研究有重大价值。同时，对海内外寻根问祖、增强家族和民族与国家的凝聚力及亲和力都有重大意义”。伟大的民主主义革命先驱孙中山先生也曾讲过，修撰宗谱是由宗族的团结扩大到民族和国家的团结，这是只有中国人才具有的良好传统观念，应当积极支持妥加运用。

顺应社会发展契机，在政府的支持下，为了弘扬传统美德，传承先祖精神，善疃姜氏族人重新修缮姜氏宗祠和姜氏宗谱。自 2015 年秋开始，有人提议祠堂年久失修破乱不堪，如果拖延下去有倒塌的危险。族人宗贤姜德伟见此状况慷慨解囊，捐助 125 万余元，同时，村委积极争取上级政府支持资金 50 万元，共耗资 175 万余元修缮姜氏宗祠和重新编纂姜氏族谱。

重新编纂姜氏族谱意义重大，因为姜氏的所有传承资料均在“文革”前，或“文革”中被毁，绝大部分子孙后代不知其祖，古老的姜氏家族面临永久失传或断代的危险。为此，在 2016 年 9 月姜氏族人成立族谱编纂委员会，负责编纂族谱。“光前裕后荣宗祖，世代儿孙继象贤”，利用本次修谱来贯穿古今，分缕世系，是这一代姜氏族人不可推卸的责任。姜氏族人此次重修谱书，意在让姜氏后人了解姜氏家族的起源与发展，缅怀先祖功德，勤奋不辍，弘扬家族精神，继续发扬和光大家族文化，让姜氏家族永远兴旺发达，繁荣昌盛。

重新编纂姜氏族谱看似容易，实则不易，可谓困难重重，一波三折。仅以了解姜氏先祖的起源为例。根据村中老人世代相传，姜氏族人调查到姜氏始祖“子良”公的出处是莱阳（即现在的莱阳市和莱西市，莱西市以前同属莱阳县）。但还有另外一种说法是：始祖“子良”公的出处是文登小埝或者文登通陵。为确认始祖出处，明确善疃姜氏的根源，邹积权、姜其甲、姜典志、姜德强一行四人自 2017 年 3 月 8 日至 2017 年 6 月 22 日先后到青岛市的莱西水集街道办事处姜家泊村、文登区政府民政局的地名办、文登区宋村镇姜家庄、乳山市徐家镇峒岭村等地展开详细地调查。在当地民政局地名办的工作人员和村民、村干部的支持下，经过艰辛的访谈、查阅户籍登记和谱书，姜氏族人最终得出结论：善疃村的始祖“子良公”从乳山（以前的文登）峒岭前来较为可信，但是只是现在还没有更确切证据加以证明，所以仍不敢妄加附会，只能待将来或后贤慢慢去考证。

在家谱重修过程中，重申和传承家训也是一个至关重要的环节。家训是指导一个家族前行发展的重要指引和行为导向，因而在重修的姜氏宗谱中，重申了姜氏家族的十则家训：勤、俭、孝、清、慈、恭、敬、忍、弟、和。

家训十则

勤：耕者勤则衣食足、读者勤则功名成，治家勤则家业旺、治国勤则国强盛。

俭：君子恶奢而喜俭、天道恶盈而喜谦。勤俭兼之当富贵、勤俭之家多久长。

孝：得亲可使亲心欢、顺亲可致亲心安，富贵故能耀宗祖、寡过自律不辱亲。

清：心清可以寡心欲、身清则能免忧患，不贪货利分不隘，不恋声色品自端。

慈：己之子弟爱中严、人之子弟责内宽，鳏寡孤独宜相济、邻里宗族宜相安。

恭：恭而在上上不凌、恭而在下永不悔，不卑不亢也不骄、自尊自重不谄媚。

敬：心存敬心邪自消、身存敬身动不妄，敬以待人人敬我、敬人处事事安详。

忍：自古忍字最为高、百忍无忧嘱尔曹，临事面前忍耐过、事后方知忍耐妙。

弟：既不敢以贤智先、容貌品行不敢暴，随行前后不敢乱、岂可以富来炫耀。

和：阴阳和而雨泽降、夫妇和则家道旺，兄弟和而纠纷少、乡邻和而是非消。

为传承姜氏文化，姜氏族谱制定希望族人遵循的原则：

先灵勿慢神主必净、及时祭奠无有不恭；
莫轻尊长礼数必尽、贫困抚恤须尽孝心；
交友观面先要知人、恶徒不交审其言论；
修身正己赌毒严惩、勤俭持家酒色不侵；
尊老扶幼体现爱心、夫妻和睦孝敬双亲；
小利不贪灾祸远行、体恤孤寡和谐四邻；
赈济灾难大爱之心、不打不骂闲气莫生；
家族美德教育宗亲、书籍多观刚正为人；
书香门第礼仪育子、后嗣明理奋发图进；
宗族家规必须遵循、文明家族从古传今。

为让姜氏祖德宗功发扬光大，姜氏族人编歌一曲：

巍巍青山入云天，涓涓河水流门前；松柏常青记时光，姜氏繁衍八百年；

历代先祖勤耕耘，积德行善多奉献；尊祖敬宗裕后嗣，忠孝刚毅传今天；

书香门第春常在，孔孟礼仪世代吟；祖教家训须遵守，仁义守信时常念；

优良家风父教子，高尚品德母传孙；世道繁荣家业隆，国强民富展宏愿；

盛况空前今胜昔，有志之士慷慨捐；重修宗祠与族谱，承先启后祖德显；

光前裕后荣宗祖，世代儿孙继象贤；族人同心铸辉煌，姜氏协力万代传。[①]

重修姜氏族谱对整个姜氏族人和善疃来说都是意义重大的一次里程碑。在此次重修过程中，出现了很多令人感叹感动的事情。

姜典新老人是这次宗谱重建的领头人，已过古稀之年的他，只读了八年书的他，以一种近乎执拗的信念在不到两年的时间里，完成了这项极耗精力的工程。面对少数人的不理解、不配合、不支持，执着是他的选择；登门十余次，前后修改族谱四次，最终成型，为姜氏族人记录下这些峥嵘岁月，传承姜氏祖训，让后世族人也以此为傲。

对宗谱的重建过程中，面临着很多非常棘手的问题，但

① 《烟台市福山区善疃姜氏族谱》，2018-01-01。

正因为过程如此艰难，所以才显得成果更加难能可贵，让人倍加欣慰自豪。由于在“破四旧”期间，族谱已经全部被毁，所以，只能从头开始，挨家挨户地上门了解询问。巨大的工作量和部分姜氏族人的不理解，都没有让这位已过古稀之年的老人放弃重修宗谱的想法和工作。

当提到原因时，老人非常朴实地表达了他的想法，不管有多难，他也要坚持做下去，能做到哪就做到哪。一方面是想重忆姜氏先祖的历史，重新凝聚家族，让整个姜氏家族能够更加团结，血脉相连；另一方面，是想要记载下在祠堂重修过程中，族人们所做出的各种努力与付出，让后世子孙也记得这些。有先人这些优秀正面的事迹在，后世子孙也会传承效仿，不会做出太出格的事情，走正路。祠堂门前所立的功德碑便详细记载了姜氏一些族人为重建祠堂和重修宗谱做出的努力。

现在祠堂也已经修缮完毕，老人每天都在姜氏宗祠旁边坐着，如果有人想要前来参观，老人便打开祠堂，带领他们参观并介绍。姜典新老人表示，我这么大年纪了能做些什么，就做点什么吧。

在修建姜氏宗祠的过程中，除了宗谱的重修，高悬于祠堂内部12幅古画也充满了神秘的色彩。它们曾在黑暗之中度过了50余年的时光，才得以保全而重新悬于祠堂之内。

现年94岁的姜学明老人就是使这些古画得以保存的重要人物。20世纪60年代，时值农村“破四旧，立四新”的运动，这些古画本该同祠堂和祠堂里的其他物品一并被砸掉烧毁，可是老人坚持认为这是姜氏祖先传承下来的，是家族的象征，一定不能就这样被毁掉。老人冒着巨大的风险，将画偷偷转移到自己家中，仔细地用木箱封存，并将其藏在家中某处黑暗的地方，让人没有想到的是这一藏就是50年，当时自己的儿子才一岁，而现在曾经那个襁褓之中的婴孩也已经成为老人了。姜学明老人与妻子坚持将姜氏画卷保存下来，老人说虽然害怕，但是政治的运动是一时的，可是如果画没了，那就再也没有了。在这期间，姜氏夫妇一直严守着这个秘密，连自己的孩子也未曾告诉。或许是天下没有不透风的墙，仍有古董商上门前来收购画卷，但是最初那份保护好姜氏祖先传下来的东西的心始终如一，未曾有变。

在最早得知姜氏宗祠要重新修建的时候，这位老人抑制不住心中的喜悦，尽自己最大的努力帮着恢复祠堂原貌，挨家挨户调查资料重修宗谱，更是在宗祠修建好之后拿出了尘封多年的画卷。

深藏半个世纪的不仅有如今悬于祠堂的画卷，还有姜氏族人对有朝一日重新恢复姜氏宗祠，重修那份融于血脉宗族的归属感的执着与期盼。而现在，他们终于将其重建，也许时间无情，让很多人未曾等到，纵使过程曾千难万艰，但如今这份期盼终成现实，姜氏宗祠于村中央端方挺立，引人入胜；姜氏宗谱重修完整，令人欣慰；姜氏族人血脉相承，彼此相连。

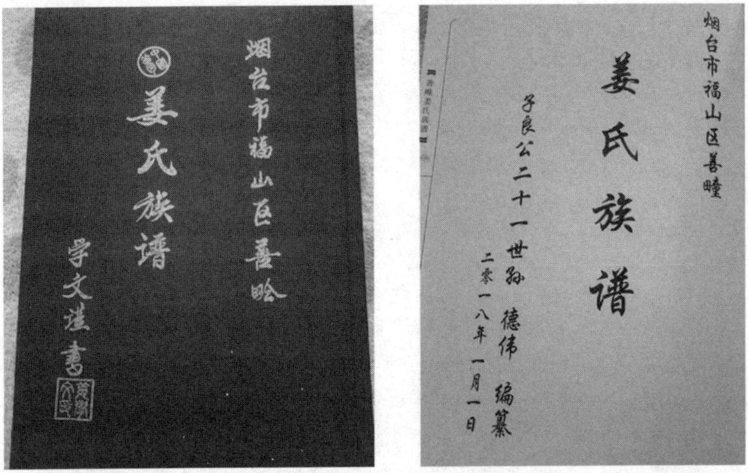

姜氏族谱

族谱编纂委员会成员

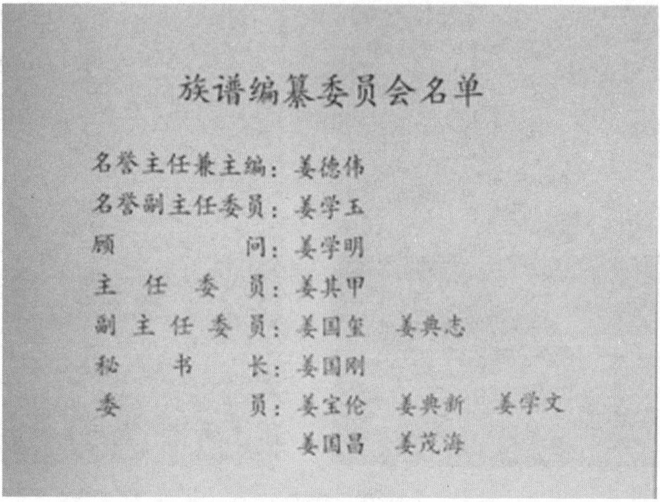

族谱编纂委员会成员名单

祠堂古画(1)

祠堂古画(2)

西老茔

善疃村在1951年合并姜家疃、林家疃和刘家疃，因此在善疃除了姜氏族人之外，还有刘氏、安氏、林氏和付氏等几个大姓。目前，善疃村现有登记户数743户，户籍人口1 918人，常住人口1 745人，均为汉族。姜氏是善疃村最大的姓氏，姜氏族人现有384户，1 106人，构成了过半数的全村人口；其余几个较大的形式分别为刘氏、安氏、张氏、付氏、林氏；其中，刘姓58户，179人；安姓46户，151人；张姓29

户，88人；付姓23户，59人；林姓20户，53人。

除此之外，善疃村还有单、于、管、徐、赵、孙、申、孟、曲、舒、陈、李、王、马、高、阮、黄、鹿、陆、石、唐、肖、韩、杜、陶、由、范等姓氏共32个。其中，全村男性946人，女性972人，善疃村外来人口52人，主要为养老院老人、山地承包者、跟随儿女生活的外地老人等。

善疃村虽然各姓氏众多，但当初是由姜家疃、林家疃和刘家疃合并而来的，因而总体来说主要是由姜氏、林氏和刘氏组成。善疃三大姓氏姜氏、林氏和刘氏原来各自居住在一个地方，姜姓在南疃，刘氏在西疃，林氏与刘氏以河道为界，彼此比邻而居，世代相连。

一代代祖辈先人都逐渐远去，他们生前居住于此，死后也在此代代长眠。世代延续，各大家族的坟茔便成为他们家族过去和历史的象征。正因如此，在传统社会，人们非常重视宗庙和坟茔地。有钱的人家是发悬坟，即灰色的青砖砌的并排两个拱，拱下放双亲的棺材，拱门前用一个大拱称为"脸"堵死两个拱洞。在1966年以前，善疃各姓氏都有自己的坟茔地。姜家的老茔有两个，一个在西坡，叫西老茔，主要是老辈的埋的地，姜氏最初的3支族人便葬于此地。另一个在姜家疃西，叫西小茔，是后来的姜氏埋的地方；林家老茔在疃北，叫林家茔；刘家老茔在刘家疃西面，被称为刘家茔。

从古至今，在所有的人心中，宗庙、坟茔地是一个神圣不可侵犯的地方，并非是它们对一个家族有多么的重要，而是一种信仰及对祖宗的尊敬，宗庙在，老莹在，家族的根便在，心里才会踏实。虽然在"文革"时期由于"破四旧"，所有的坟茔地都被扒掉，连同家族的族谱也一并被烧毁，但曾经家族的历史并没有因此而消失，家族之间的传承与血脉连接也并不能因此而被否定。善疃各大家族时至今日依然在很努力地构建家族内部的联系，没有了大家谱，就供奉小家谱。现在在疃东和疃西各建了一个公墓，各姓氏混埋，东面的公墓叫“东岚”，西面的叫作“燕子夼”。

数千年来，坟茔在每个人心中都是极为严肃与神圣的重要象征。逝者已去，不留丝毫，这些坟茔便是一个家族与族人曾经存在与奋斗过的唯一证明。善疃土地众多，分散成片，“文革”之前不同位置的土地曾承载着几大家族辉煌奋斗的历史，西坡的西老茔便埋葬着姜氏家族最初的三支族人，被称作“西老茔”。

为了使这份家族内部的传承能够更好地继续下去，根据姜氏家族老人的口述和姜氏族谱的记录，姜氏族人的数代传承如下：善疃村姜氏从始祖至今繁衍至二十四世，共分为三大支，始祖姜子良，二至七氏先祖名讳失考，从第八世开始字辈是：守声王育（曰）、木（忄）继元（寿）维、永（汝）宝（南）其（典、作）国（忠、学、范）、德茂（丰）承（程）佳。姜氏以前的字辈由哪位先人所拟无可考证，经过姜氏族人共同商议，新拟20字从二十五世开始启用（居中或居后均可），以使得姜氏家族的字辈有条不紊，新拟的20字分别是：文明家兴扬，仁义万世昌，刚正严守信，积善福禄广。

刘家茔

原先的刘家老茔位于刘家疃西面，经历过“文革”和时间的洗刷，曾经历史的印记在这里已经不甚明显。到现在能够往上追溯到的林氏家族的只有五代，从最初的刘丰仁、刘丰义和刘丰礼兄弟三支逐渐发展到现在。最初的一代兄弟三人“丰仁、丰义、丰礼”；第二代“元”字辈，泛第二字；到了第三代则泛第三字，为“芳”字辈，第四代皆为二字姓名。根据刘氏家族老人口述，刘氏家谱整理如下。

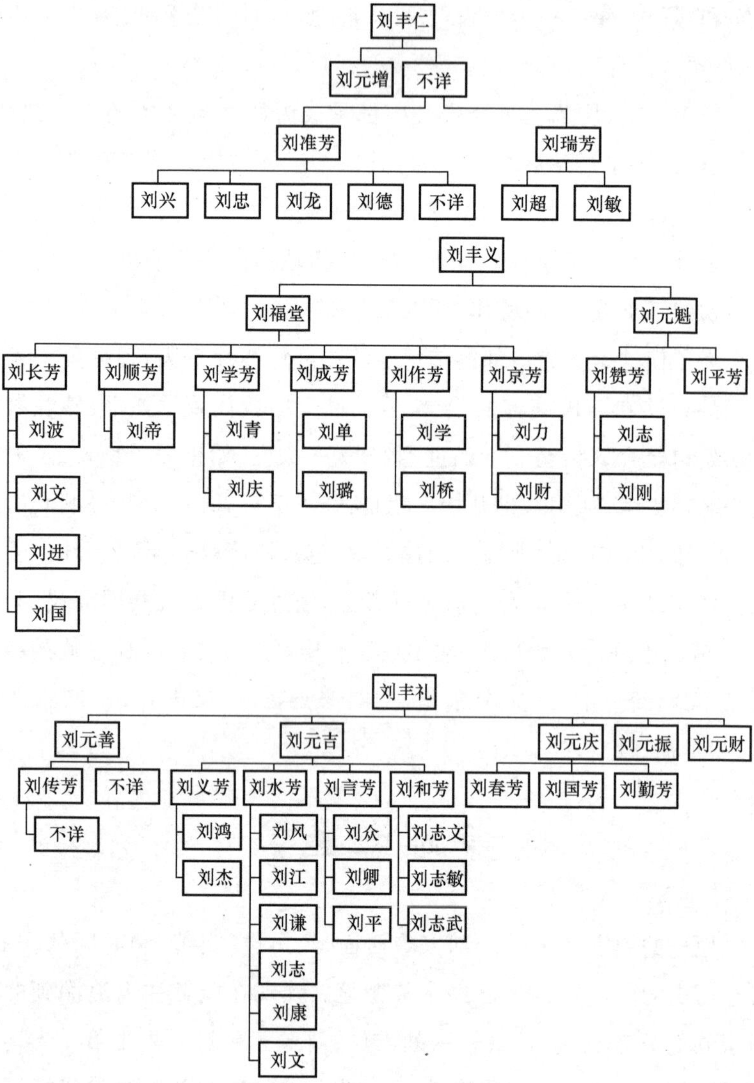
刘丰仁
刘元增
不详
刘准芳
刘瑞芳
刘兴
刘忠
刘龙
刘德
不详
刘超
刘敏
刘丰义
刘福堂
刘元魁
刘长芳
刘顺芳
刘学芳
刘成芳
刘作芳
刘京芳
刘赞芳
刘平芳
刘波
刘帝
刘青
刘单
刘学
刘力
刘志
刘文
刘庆
刘璐
刘桥
刘财
刘刚
刘进
刘国
刘丰礼
刘元善
刘元吉
刘元庆
刘元振
刘元财
刘传芳
不详
刘义芳
刘水芳
刘言芳
刘和芳
刘春芳
刘国芳
刘勤芳
不详
刘鸿
刘风
刘众
刘志文
刘杰
刘江
刘卿
刘志敏
刘谦
刘平
刘志武
刘志
刘康
刘文

刘氏家谱

林家茔

原先的林家老茔在疃北，被称作是林家茔。与几乎村里其他家族一样，“文革”期间与族谱也一并被毁了，我们通过访谈得知林学田家仍存有林氏的小家谱，但可惜只有几代，不甚全。家谱左右上书“香烟渺绕酬祖德，烛影辉煌报宗功”，林氏家族的老人用笔记录下林氏最近的几代人。

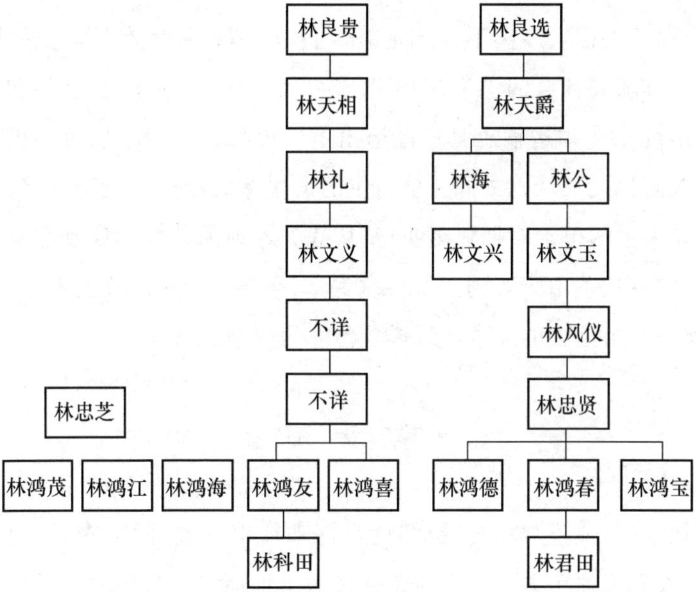

林氏家谱

五、耕种传善

《诗经》曰:“不稼不穑,胡取禾三百廛兮?”在传统社会,稼与穑承载了农民的全部,春季播种,夏季耕耘,秋季收获,冬季储藏,年复一年寄托了他们诸多的期盼和等待。善疃是一个典型的以农业为主的山村,农民的生存生产离不开土地、水利设施和各种生产工具。村民使用的农具随着社会的进步,在不断地更新换代,牛耕地、驴驮粪和马运输的传统生产和运输工具逐渐退出了历史舞台,耙拉机、拉垄机和拖拉机取而代之。从以共同劳动为主的大集体时期的人七劳三,到以家庭劳动为主的单干时期抓阄叫行;从战天斗地的善疃水库到灌溉观光的仙姑潭;从荒山野岭到樱桃谷飘香,雪果传名……时光流逝,斗转星移,那一个个远去的故事在诉说着善疃的稼穑之路。

南北旺

在地图,或正常场合,经纬度常用来标识位置,而在农村,为表达方便,人们习惯用方位或土地特征来为土地命名。善疃村的土地因其地质区别被命名为好地和薄地,因其分布位置被冠以南旺和北旺之分。

善疃村全村区域总面积为 13 000 亩,其中耕地 2 300 亩、山峦 8 000 多亩。善疃村民们把耕地分为好地和薄地,好地也叫秋地,顾名思义就是土质好，同时土层深、泥多、灌溉条件好，适合种麦子和玉米的土地；薄地也叫春地，指的是土层薄，无浇水条件，距离远的地。山林地中的好地是指那些离家近、柴火多、松树和柞树多的地，相反的则是薄地。

与此同时，村民根据土地的分布位置，分别以南旺和北旺来命名。在南旺和北旺中，为方便区分和记忆，聪明的村民又为各自的土地取了名字，或富有生活情趣，或生动有趣，充分体现了劳动人民的智慧。至于什么时候开始给土地命名，为什么以此命名，村中百姓无人知晓，就连村中非常熟悉和热爱土地的姜典新（1946 年生）老人也不得而知，只说是老一辈传承下来的。为弄清楚每块土地的名称和位置，姜典新老人不辞辛劳带我们走过地头，翻越山岚一一讲述他对土地的认识和了解。

南旺指从村后到环山路以南的土地，大致包括大天、兔子茔顶、兔子茔、过不安、北下不去沟、南下去沟、战毛场、刀牀岭、布鸽窝、狼洞、同卷里、胡家庄、南旺牛圈、沙角旺、西冰溜台、东冰溜台、大脖岭、小脖岭、歪顶、眼眶鼻子、扶台筒、马棚、摞石、盘道、大岚、熊不呆窝、横杆岭、三摞石、南坡、对角湾、北大顶、窟窿洞、樱桃谷、后沟、老鼠夼、葫芦头、赵儿墹、哗啦湾等。北旺指环山路以北到塔顶山顶的土地和山岚，大致包括塔顶、龙王庙、军营、雷达站、西崖坡、羊圈、黄泥岭、牛结子望、鹌子窝、老平滩、老鳖石、龟石、长脚岭、鸟船石、北井子、南井子、杏叶坡、大绞、二绞、黑石、黑夼、黑石垃北沟、山白罗旺、圈河、北关口、敞口旺（棺材石）、单条旺、转西坡（人形石）、蜂蜜凹、东松树旺、西松树旺、张把口、海棘子顶、海棘子沟、白罗旺、长脖岭、蚂蚱庙坡、蚂蚱庙、庙东坡、田鸡窝、门沿后、和尚茔、红树庵、钓鱼台、南照山、北旺牛圈、石字、老平岭、茅叶旺、棒槌石、天桥、布鸽窝洞、狮子山、东崖旺、大磨菇、二蘑菇、官帽石、三蘑菇、青王龙、北虎夼、扁洞、老虎洞、小猪岭、马蹄子夼、大猪岭、山神庙、牛夼、滩里沟、马兰墹、黑石垃沟、老陈兵房、弹药库、场户凹、大连凹、小连凹、南天门、水库等。

这些地名在外人看来纷繁复杂，别说将它们的位置和名字一一对应，仅是记住名字已经是非常困难了，但姜典新老人如数家珍，他的娓娓道来更是展示了一位朴实的农民对土地的热爱。

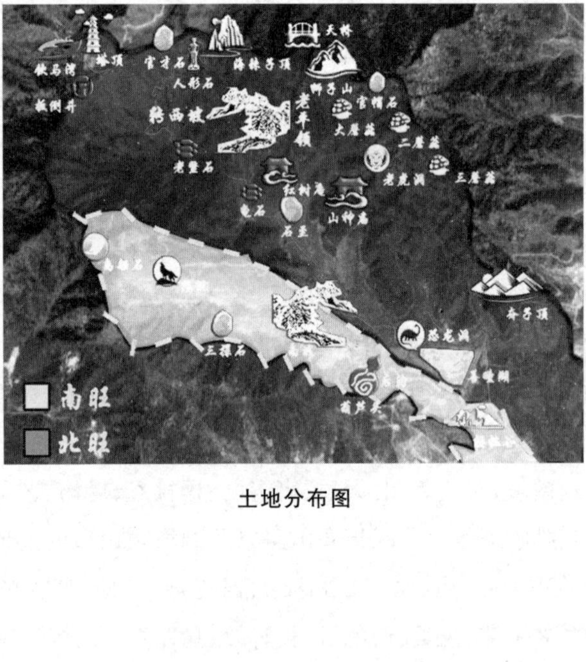

土地分布图

人七劳三

“人七劳三”这个名词对今天的绝大部分年轻人来说是陌生的，好似天方夜谭一般。要解释“人七劳三”，不得不提另外两个名词：生产队和工分。它们带着深深的时代烙印，也浓缩一个时代的剪影。对“80后”“90后”和“00后”来说，它们太过陌生，那是他们完全不懂的时代和世界。对“60后”和“70后”甚至更早的人们来说，它们是那段生活的标签，那个年代的印记，每每提起，记忆深处的那份热情和激情便被唤起。

新中国成立之后，为了克服土地改革后，农村新出现的贫富两极分化现象以及满足分散农户互助劳动和交流生产资料的需要，中央开始大力引导农民走合作化道路，到1958年全国普遍成立人民公社（相当于今天的镇）和生产大队（相当于今天的村），生产大队以一个自然村为单位。善疃生产大队也在这个时期成立。善疃生产大队人数比较多，为方便管理，以某一条街或社员的居住方位来划分，将生产大队划分为九个生产小队，也称生产队，各生产队负责各自的生产和分配。

和全国其他生产队一样，善疃各生产队也是由生产队长根据社员的体力状况和劳动项目的劳动强度分配劳动，组织大家集体参加劳动。比如，青壮年男劳力参加整地、推小车送粪、收割等相对比较繁重的重体力劳动；妇女和年迈者参加管理牲畜、除草、间苗等相对比较轻松一点的劳动；学生在麦假和秋假由专人带领参加捡拾麦穗、复收花生、地瓜等，这种分配也不是绝对的，有很多体力较好的妇女和青壮年男劳力一样参加比较繁重的体力劳动。

生产小队采用准军事化管理，每天早上天刚亮，各生产队长就在各自居住地的中心位置吹哨，大家一起出工劳动，纪律比较严格，不允许迟到早退，上午和下午各有一段休息时间。在大家的印象中，当时虽然比较辛苦，但同劳动同休息的经历和欢声笑语却成了美好的回忆，常常在脑海中浮现。据姜典仁回忆，虽然那时候累并且吃不饱，大家生活得不如现在好，但回想起来，大伙一块干活、一块休息也挺有意思，尤其是休息的时候，大家凑一起，开开玩笑，说说笑话，乐趣无穷。

相比集体劳动时的辛苦，劳动成果的分配让大家格外喜悦，也是大家最关心的事情。这个时期的分配方法是"人七劳三"，就是全队的所有收成在上缴公粮和卖出余粮预留第二年的种子和公共用项之后，剩余部分七成除以全队总人数，三成除以总工分进行分配。"人七"显然是对劳力弱势者最基本的民生保障，是当时生产能力水平低下的情况下最实在的"以人为本"，是展现人道主义、社会主义和集体主义的一种分配方式。"劳三"在一定程度上反映了劳动的价值，也是按劳分配原则在社会主义初级阶段的必然体现。

在"人七劳三"的基本分配原则之外，生产队也灵活调整各家庭所得，充分体现公平。人口多但劳力少的家庭在多分得粮食的情况下，要"补钱"即向生产队交工分与粮食的差额钱；劳力多的家庭则可以"进钱"，也就是所得粮食与工分价值之间的差额款。"人七劳三"的分配政策保障了劳动大众的利益，也是"以人为本"的表现，因此，深得老百姓支持，一直实行至 20 世纪 80 年代初的土地承包时期，之后才慢慢退出历史舞台。

"人七劳三"中的七成是按人数分配，相对比较容易操作，而按工分分配的剩余三成则复杂一些。这里所说的"工分"，是特定社会背景条件下产生的特定词汇，是我国历史上农业生产合作社、人民公社时期计算社员工作量和劳动报酬的单位，既是劳动成果分配的主要依据,也社员获得劳动收入的根据。

一般工分评定是成年男子 8 ~ 10 分、成年女子 5 ~ 7.5 分,未成年人根据情况而定,最低两分。具体每个人得多少工分,在每年年底农闲时期,各生产队开会评定。工分是社员的命根子,凝聚着大家的汗水,几乎是每个家庭唯一的经济来源,所以每年年底工分评定会议,大家都会踊跃地参加。据姜典仁回忆,开会这天,大家都非常积极地到村大队屋,熙熙攘攘,团聚一堂,煞是热闹。

工分评定工作有一套固定的流程,由生产队长主持会议,会计和保管负责计分统分,对每个人进行工分评定。根据个人在劳动中的表现和能力,生产队长会报一个分数,大家举手表决,不同意的提出异议,大家讨论,最终给出能够让被评定人和大家都满意的工分数,作为每个社员下一年每天劳动应得的工分数,这也是当时民主的表现。有一种情况不参加评工分,就是外出劳动或承包某工作的,他们的工分是事先讲好的,该得多少就按事先约定的给。每人每年的总工分就是劳动的天数乘以各自的工分数,有约定的除外。每人在年底可以领多少钱要看工分值。工分值是生产队中每个工分的价值,它是按照国家制定的价格计算生产队的总收成有多少钱,扣除成本、税收(也就是公粮)和来年生产的准备金除以生产队的总工分数。所以人们常说的工分值并不是劳动者一天的收入,而是一个分工的价格。劳动者一年的收入就是个人工分总数乘以工分值。

村民姜德伟(1958 年生)回忆说:"15 岁下学后,我开始在生产队的五队干活,那时候年纪小,从人家种瓜时我负责简单的浇水工作开始做起,慢慢过渡到放牛放羊。那时候因为年龄小未成年,挣的工分少,只有 4 分。"

抓阄叫行

在传统的农业社会，土地是农民赖以生存和发展的根本，被视为“命根子”。善疃村有土地约 1 800 亩，新中国成立前，同大多数农村一样，土地掌握在少数几个地主手中。而新中国成立后，全村的土地数量未发生较大的变化，土地分配给农民不久之后便因集体化归集体所有。直到 1978 年中国开始改革开放，农村家庭联产承包责任制拉开改革的序幕，国家调整土地政策，实行大包干，包产到户，农民真正成为土地的主人，开始掌握自己的命运。贯彻国家政策，善疃村采用抓阄叫行的方式分配土地，用抓阄的方式分配口粮田，用叫行的方式分配责任田。

在分配过程中，伴随着历史变迁和国家土地政策的调整，善疃村的土地有三次大的调整：

第一次（1978—1984 年），小包干，以生产队为单位分配土地。

土地是农民的命根子，当大包干的政策传达到善疃村的时候，村民纷纷奔走相告，马上要分到属于自己的土地的那种兴奋在全村蔓延。回忆起当时的情景，至今村中老人们脸上仍然洋溢着幸福。他们说，那个年是这一辈子过得最高兴的一个年。但包产到户毕竟是一个新事物，到底该如何分，全村村民包括村干部心里都没底，带着对属于自己土地的渴望，1978 年底到 1981 年两年的时间里，村干部组织大家认真学习“十一届三中全会”的文件和精神，充分认识国家土地政策。

虽经过两年断断续续的文件学习，但村干部和村民并不清楚该如何分配土地，因为国家并没有具体的村土地的分配政策，仅安排了一些条件相对不错的村做试点，善疃有幸成为试点村。看似荣耀，实际操作起来确实困难重重。

谈到当时分地到户的情景，时任大队主任的姜忠玲(1943 年生)感慨万千，他对当时的状况的评价是“盲人过河摸索走”。据他回忆，因为中央和地方没有详细规定土地如何分配，区政府等上级部门只是不断要求落实承包责任制，作为试点村的善疃土地具体如何分配，方案全靠村里自己定。善疃村人口多，土地情况复杂，老百姓对土地分配的期望值非常高，都抱着想分好地的想法，因此，村干部的工作量和压力非常大。

> 姜忠玲(1943 年生)说：“从 1975—1983 年，是集体经济时代。这段时间主要干村里的活，我管着全村的生产、分配，挺复杂的。春天，全村 1 300 多亩的小麦要浇地，我要安排扬水站的工作，检查扬水站是否好用，排好浇水的顺序，看看有没有耽误的，有没有浪费水的等。春耕生产，安排春耕、春刨，不失时机地掌握生产环节，提前把地整出来，为了容易管理、容易浇水。春天布置庄稼的种植，按照政府给的生产计划和村里的实际情况要纳入计划以内，各种农作物比如麦子、玉米、花生、地瓜等安排多少亩，已经种了多少，还剩多少空地等得提前计划好，政府在春天安排机关干部到每个村监督工作。”

1982 年，各生产小队开始分配各自的土地。各生产小队长、大队书记在全村带领村干部开始着手制定土地分配方案，经过反复讨论，决定遵循先分耕地、再分果树和山岚，先分好地、再分薄地的原则。为公平公正地分配好土地，据现村会计姜典仁(1956 年生)回忆，村干部们在村主任姜忠玲(1943年生)的带领下,带着尺子到田间对每块土地进行现场测量。因善疃村土地面积较大,测量工作量非常大,村干部人手不够,为不耽误土地分配,确保清楚准确地统计亩数,村干部还邀请各生产小队里比较能干的人一起帮忙测量。对全村土地测量完后,根据耕地的品质,将耕地分类,其中品质好,适合种小麦、小米等农作物的耕地,确定为一类地,也就是老百姓口中的“好地”。品质稍差,山上、丘陵等不能灌溉,适合种花生、地瓜等经济作物的耕地确定为二类地,即当地俗称的“坏地”。各生产小队按照这个标准将本生产小队的耕地画好区间,画成方,画成块,根据全生产小队的户口登记的人数确定每家每户可以分配到的土地数量。以生产队为单位分配土地的政策从1982年持续到1984年秋收前,为与以村为单位分配土地区分开来,老百姓给这段时间的土地分配起了个名字:“小包干”。

村民付德福(1929年生)回忆:“1981年秋天,我们村开始分地,承包到个人,分地那天,我们村人都去了,抓阄决定分地的顺序,几个家庭组成一个小组,然后分地。平均一个人分了有七八分地,还有一亩果园。当时我们家有六个孩子,两个男孩四个女孩。分了地以后,我就开始专心务农,做回一个农民的本分了。后来由于身体原因干不动了,我就把地都给了儿子,让他们种,那年我69岁了。现在,我已经快90岁了,经历了这么多,现在这日子和以前相比,实在是好太多了。”

善疃是一个典型的山村,有着万亩山岚,山上果树众多,其中苹果树数目最多。那时全村的果园(村民口中的果园就是苹果园,我们沿用村民的说法)有六七百亩,各生产小队都有各自的一部分果园,果园的分配也是包产到户的一个主要方面。因此,耕地分配完后,开始分配果园,果园的分配较土地分配要复杂很多。首先制定果园的分配方案,根据果园土地的品种、土质和苹果的大小评估树的价格,每棵树都标上号码和价格,分配果园其实就是根据果树的价格分配果树。根据当时苹果的一般价格,村干部找来村民代表生产队的技术员姜国明等人对全村的苹果树进行估价,算出整个善疃村及每个生产小队的苹果树的总价值,按照各生产小队的人数计算,平均每人大概平均能分价值七元的苹果树。

在山岚地的分配中,还包括南北旺的栗子树的分配,当时全村差不多有 1 万～2 万棵栗子树,栗子树的分配方法同苹果树的分配一样,采用折价分配的方针。按照山岚的顺序排着划分,并根据土地的品质,好地分配面积少些,薄地分配面积大些,最终基本进行了平均分配,不管是个人还是互助组都分到了差不多数量和质量的栗子树。

土地分配的方案制定好后,各生产小队开始落实分地。全队的村民根据各自的喜好组成小组,少至三五户,多至八九户,以小组为单位到生产小队抓阄,按照抓到的顺序分配土地,先分好地,再分坏地。土地分配完后,分果园和栗子树,由于果园和栗子树的分配比较复杂,不同于土地分配,有大树小树的区别,为了公平公正,各生产小队都找来村里一些比较有威望的人来协助分配。

现在谈起当时分地的情景,姜典仁依然满脸堆笑,幸福地说,“土地终于分到自己手里了,太高兴了,以后干活的事完全自己说了算,获得自由啦！自己的地,想种点什么就种点什么,只要好好出力,打的粮食肯定比集体的多,果园里好好侍弄侍弄,能卖不少钱,家里的收入会高很多,日子越过越好,能不高兴吗?”

第二次(1984—1993年),大包干,以大队为单位分配土地。

在农民终于有了属于自己的土地并享受了两年单干生活后,1984年由于人口发生增减,加之有的村民对以生产小队为单位的分配方式不满意,村里决定把土地全部收回来,不再以生产小队为单位分配,而是由大队(即全村)统一分配。

1984年秋收后的一天,大队召开村民大会,当时规定一家一个代表参与分配,但因为分地是大事,关系到每家每户的切身利益,老百姓都非常关注,很多家庭夫妻两人甚至一家几口都来了,大人孩子挤满了院子,热闹非凡。据姜其甲回忆,当时分土地的场景可以说非常壮观,土地是农民的命根子,终于有一天可以拥有属于自己的土地了,全村村民都非常关注、兴奋和期待。

村民大会开始后,首先,由村大队长姜忠玲等村干部们向村民讲土地和山岚分配的政策和方案。因为土地分配关系到每个人的利益,大家听的都非常认真,虽然整个会场人非常多,但关键时候是鸦雀无声。其次,接下来划分互助组,18或20户分为一个组,大家自由组合,每个组选一个人为组长。组长到大队干部那儿抓阄,确定土地分配顺序。一类地和二类地分两次抓阄:第一次抓阄分配一类地,即好地;第二次抓阄分配二类地,即坏地,然后按照抓阄顺序到地里领地。

1984年,善疃村开始对果园,进行承包。和生产小队土地、果园、山岚地的分配一样,土地分配完后,分配果园和山岚的栗子树等,具体分配过程不再赘述。在分配果园过程中,村干部借机解决村民欠村集体钱的顽疾。因为集体经济时期,有一些家庭因为孩子多,男人身体不好,不能长期出勤,挣的工分少,倒欠村里的钱;也有的因为懒,出力少,挣不到工分,口粮钱都没挣够,也倒欠村里的钱。于是,村里规定"把欠村里的钱交上,就分果园",并且要一次性交清。由于果园是村民的主要收入来源，老百姓对果园相当重视，村干部借果园分配时机，解决了村里历史遗留的经济问题。同时，由于果园分配比土地分配复杂很多，为了减少分地时的矛盾，村委找了七八个村里有威信的人，比如，技术员姜国明等做代表，和村委一起分地，协助村干部“说说话”，相对顺利地将苹果树分配完毕。

村里百分之七八十的老百姓能够接受当时的土地分配承包制度，也有少部分人开始理解不了，不能接受，甚至部分干部也不理解。因此，在土地分配过程中，也发生过一些纠纷和矛盾。比如，有人对好坏地的划分标准有争议，有人因分配不均而与村干部争执，也有人因为土地界限不清问题打闹等。随着时间的推移，人们慢慢习惯了当下的生活，矛盾才逐渐减少。在实行联产承包生产责任制之初，农民的土地承包期比较短，国家有关部门发现，这样难以调动承包人增加投入、合理开发土地的积极性，甚至可能导致短期行为和对土地的掠夺式经营。1985 年，为了让老百姓吃上定心丸，调整土地承包地的期限延长为九年，鼓励农民在土地上长期投资，并和农民签了长期承包合同，使得农民能够更踏实地耕种、经营土地。

第三次（1994—1995 年），增加果园面积。

1993 年春天，政府为打开国际市场，号召村里靠近一级路的地方，拿出一部分来种果树，变良田为果园，每人 20 棵树的面积，行距三米，棵与棵之间的距离两米。村里组织收回这部分地，重新分配。1994 年，善疃村正式开始对土地进行全部回收，并进行分配。分配过程中善疃仍采用了 20 世纪 80 年代村里分土地的方法，实行分组抓阄，确定顺序，逐一分配。当时村里确定了九年的承包期限，1999 年根据我国土地政策，土地承包期限 30 年不变，善疃村也因此延长了承包期。

在全村的口粮地分配完后，还有一些犄角旮旯处、边边角角处的土地和山岚，老百姓考虑到土地质量差、灌溉条件不方便、离住处远不方便管理和耕种等因素，没人愿意要。村领导开会研究分配方案，最后决定这部分地通过叫行的方式，以责任田的名义分配给老百姓。村干部提前丈量好这些土地和山岚的数量，公布分配方案，在秋收后农闲季节，进行分配。据姜忠玲回忆，分配那天，他在村大喇叭进行广播，通知老百姓在什么地方大约有多少地需要叫行，有想要的可以到土地现场去。当时农村种地的收入是老百姓生活的主要来源，分配的口粮地数量有限，有能力的老百姓还是希望多种一些地，所以参与叫行的老百姓比较多，大家兴致也比较高。

据村民姜典新（1946 年生）说，叫行开始后，村干部和老百姓一起到待分配的土地现场，村干部介绍土地情况，叫一个起价，想要的老百姓会在起价基础上加价，最后加价最高的人可以得到土地的使用权，最后的价格就是土地一年的使用费。

回忆起这段时光，姜忠玲笑着说，叫行可热闹了，就像电视上的拍卖一样的，好地叫的人多，价格高，赖地没人要，价格低。

20 世纪 80 年代初，刚开始分地的时候，几乎每年都要重新叫行，因为有的人第一年叫的地，种了一年后觉得不满意，就交回村里，有的人叫行的地由于各种原因种不了，也要交回村里……诸多原因造成村里每年都有地需要重新组织叫行。通过叫行分配责任田的方式从 1982 年一直持续 10 年多的时间，直到 1999 年国家土地政策调整，延长土地承包期限，叫行分配责任田的方式才画上了句号，留在了人们的记忆中。

水利设施

在善疃，灌溉和浇注这片沃土，与农耕文明紧密相连的主要有坑塘、水库、渠和河，缓缓地与岁月同行，渗入这个村落，融为一体。

坑塘，也叫平塘，是人工开挖或天然形成的农田灌溉的水利设施，蓄水量小于10万米^3。2016年秋后，为方便灌溉，村出资挖了12个坑塘。大坑塘1亩地左右，小坑塘半亩地左右。善疃村有大大小小坑塘12个，旱时，水库浇地有限，家家户户用带汽油机的汲水机从坑塘抽水浇地，浇完全村的1 000多亩地，大概需要十天。

由于善疃是典型的山村，坑塘蓄水量不能满足全村土地灌溉的需要，20世纪七八十年代在镇政府的帮助下，村先后修建善疃水库和东西渠解决村的农田灌溉问题。

善疃村曾建过大小六个水库，即哗啦湾、仙姑潭、西沟水库、南水库、则坡水库、北坡水库，取水方式各有特色。哗啦湾水库是善疃村在1958年冬天修建的，其原址就在现义凯山庄里。当初这个水库有渠道取水，而如今已被破坏看不到了。仙姑潭（也叫善疃湖、善疃水库）是1969年由善疃、张格堡、刘家庄和土埈牛四个村合修，当时善疃9个生产队每个队出人参与修建水库，比门楼水库修建的稍早点儿。西水库在村西边，1958年左右修建，由上往下排水，共有15个闸门。南水库是1960年左右修建的，在大河沿上有扬水站，由扬水站取水，现今水已经干涸了，大坝也没有了，被整成了平地。则坡和北坡水库是用水车取水，用驴拉动水车汲水。

目前，还在使用的水库有两个，面积最大的是善疃湖，占地约190亩，拥有180万米^{3}资源，灌溉面积5 000余亩；另一个是面积较小的西山水库，2008 年重修，蓄水量 10 万米^3，目前已不能使用，仅仅在降水量多水库内有蓄水时还能使用；善疃水库的顶端还有一个小水库，可以用于灌溉。目前的善疃湖主要用于灌溉、其次是养殖和旅游观光。

在那个年代，修水库是一项政治任务，由区、镇等一层层将任务分配给各村，各村里通过记工分的形式分配给青壮年劳动力。回里镇将修水库的任务以土方的形式分配给各个大队（即村），大队把具体任务分到九个生产队，生产队队长再把任务分配到个人，由村干部带着施工。在修水库过程中，推土方是善疃村民的主要任务，每人有一定量的土方任务，因为当时主要使用小推车进行人工作业，效率很低，所以大家天不亮差不多四五点钟就去推小车，中午回家吃饭或者自带干粮，一天干 10 个小时左右，多的话有 12 个小时。经过一年多的劳动，到 1976 年初水库工程基本竣工。

随着时间的推移，为保障水库蓄水量，善疃水库又经历过多次加固、修复。1992 年善疃村出钱加固过一次，1996 年因水库靠近河道的地方水坝太薄，善疃村为河道加固，同一年水利局投资做过大坝排洪加固，2007 年区政府组织进行了水库的修复工作，2013 年善疃村为修铁路在其附近挖了很多土和泥巴，由于无处安置，时任书记的刘文峰便组织人把这些东西拉到水库边用于加固大坝。

水渠也是村耕地和灌溉的主要水利设施。1980 年善疃村修建了东边和西边的水渠，在雨水大的年份两条水渠加上村里的坑塘的水量基本能够满足全村耕地和果园灌溉需求，雨量小干旱的年份水量依然不够用。西边水渠为善疃村自修自用，全长 1 200 米。而东边水渠为张家堡、刘家庄、土埈头和善疃四个村共同修建，因此，供四个村子共同使用，现仅善疃村使用，水渠全长 1 500 米。为了便于水渠的管理和老百姓灌溉，村里安排专人组成看水队看管水库。灌溉季节，每一家从水渠上挖一条小水道引到自己家地里或果园子、菜园子里进行灌溉，一家灌溉完，按照水流由上至下的方向，下一家以同样的方式进行灌溉，对这种灌溉方式村民基本认同。

雪果红樱

“满树玲珑光，新秋著红妆。纤手枝头摘，急邀客先尝。”金秋时节，绿叶点缀间苹果相映红。20 世纪在善疃村安家的苹果如今享誉全国。当普通的苹果遇上雪窝烟台，得天独厚的雪苹果应运而生，成为善疃村的招牌，其中，有探索，有波折，更是善疃人智慧的结晶。“斜日庭前风袅袅，碧油千片漏红珠”狮子山下樱桃红。连绵的樱桃谷曲径通幽，善水阁掩映其中，游人在此既可回归自然，又享受善水阁现代化的服务。这些珍馐隐藏在这古色古香的村落里，为善疃人送走贫乏，带来希望。果香弥漫的善疃人致富路一直延伸到很远……

雪苹果发源于善疃，并走出山东，声名远扬。山东属于丘陵地形，种植的作物主要有大田作物（小麦、玉米、花生、大豆、水稻等）、果树和蔬菜。而烟台位于渤海之滨，得天独厚的地理环境孕育了优质的水果，使其声名远扬。善疃的苹果种植最早追溯到 20 世纪 20 年代，当时村民安国财在北坡，付须典在东栾开始尝试种植，至今已有近 100 年的历史。如今，随着时代的进步，善疃村孕育出的雪苹果更是驰名中外。

历史上善疃山下平原地带主要种植的有小麦、玉米、地瓜、高粱、稻子、小米等粮食作物，还有花生、各种豆等油料作物，均为胶东常见的农作物种类，村民说小麦产量最高时亩产 400 多千克。山上和丘陵地也种有苹果、樱桃、柿子、杏、桃、梨、板栗等经济作物。村头每人还有 3 分的菜地，除此之外，有些人家在房前屋后开出菜园，种些时令蔬菜，比如，大白菜、萝卜、韭菜、柿子椒、芸豆和黄瓜等。现在，村民依然种植花生、玉米等作物，但数量不多，自给自足，很少有人拿到市场上销售。全村种植花生、玉米等耕种作物的土地约 700 亩。人均六分地，三分水浇田（麦地），三分不成地（春地）。大部分村民以种植苹果和樱桃为主要经济来源。村北种樱桃，村南种苹果，各占地约 800 亩，人均二分果园。

苹果是蔷薇科植物，其果实富含矿物质和维生素，是人们最常食用的水果之一。至 1958 年，全国自上而下搞“大跃进”“人民公社化”运动，善疃已经先后引进几十个苹果品种，比如，印度青、金帅、红星、青香蕉、红香蕉、新苹、甜苹、大国光、小国光、苹花红、本地花红、红富士等。当时的苹果树是用山上原来有的洋白海棠和秋海棠树嫁接的，为了丰富本村的苹果种植，善疃村与周边村之间进行品种交流。1971 年和 1972 年，时任大队长的付德清为增加大队的集体收入，带领村民在北旺石至开垦荒山约 100 亩种植苹果，给大队带来诸多的经济收益，为善疃大队的经济发展做出了很大的贡献，也因为他这项举动让老百姓享受到了切实利益，因而得到村民的支持和拥护，被认为是善疃村功劳最大的村书记之一。

集体经济时期，苹果的售卖和其他农产品一样，一部分以公粮的形式交给国家，另一部分留在村里以福利的形式分到各家各户，受计划经济的影响，基本不存在自由买卖的情况。栽苹果树依然是全村大部分村民生产种植时的首选。因为苹果最宜种植在土层深厚、富含有机质、通气排水良好的沙质土壤中，而善疃北面多为沙质土壤，且山坡地下霜少、水少、涝地少、通风性好，是理想的苹果成长地，因而村里的大部分苹果种植在疃北。此处产出的苹果虽然个头小，但口感上乘，且不易长虫和腐烂。谈及善疃的苹果种植，村民们常说，“霜打凹，雾气大，疃南不如疃北好。”苹果主要以红富士为主，产量和价格虽然不如栖霞的蛇窝泊，但是也不愁卖。百分之七八十的苹果即摘即卖，小部分入了冷库。

目前，村里的苹果主要有三种销路：收购商到村里收购，个人到西孔家庄收购点销售和去桃村个人售卖。大部分果农倾向于第二种办法，也有少部分果农选择第三种办法。

> 村民姜学忠（1963 年生）曾经回忆道：“当我贩蔬菜赚到人生的第一桶金后，我把目光投向水果市场并大展拳脚。当看到南方的东西可以运到北方市场来卖，我就想着也可以把北方的水果带去南方。于是便义无反顾地投身水果市场，从福山到武汉、福建、广州，他一步一个脚印地探索，把烟台的苹果带到了走过的这一个个城市。蛮干硬干是不行的，必须要讲方法策略，做个内行人，搞清楚行业的门道。我发现原来收购苹果时都是稀里糊涂，就开始花工夫细细琢磨市场定价的规律，反复比较何时收购和贩卖能获取最大利益。如此下来，生意做得风生水起，顺利坐上武汉水果贩卖市场的第二把交椅”。

当普通苹果只能在市场上以 1～2 元的价格销售时，善于观察寻找致富商机的善疃人发现了“雪苹果”的秘密。作为苹果中的佼佼者，每当谈到善疃的苹果，最让原村书记刘文峰（1971 年生）觉得自豪的是他自己培养的冬雪苹果，又称雪苹果。雪苹果的诞生纯属偶然，2007

年收获苹果的时候，刘文峰站在山顶望着满山的苹果，小时候冬天上山割草的情景浮现到眼前。那时候他大概 10 岁左右，和小伙伴结伴到山上割草，有时候会发现苹果树上没摘的小苹果，那些苹果看起来又小又难看。但是当他们揪一个下来吃时，分析苹果的口感让人格外惊艳，又脆又甜。那天他站在山顶，突然想到儿时割草时吃的那个苹果的味道仿佛好多年都没有遇见了，不知道是自己长大了，吃的苹果多了还是就是雪后的苹果口感更好。为了找回童年的记忆，他决定实验一把，于是在收获苹果的时候，特别留了几棵，雪后再采摘。

大概 2007 年 12 月中、下旬一场大雪后，他想起依然留在树上的苹果，结果发现红红的苹果半包在雪中，煞是好看，他现场摘了一个品尝，凉凉的格外香甜而且特别脆，用他的话讲，一口苹果把他拉回到 35 年前，当年山上那个割草吃苹果的少年仿佛就在眼前。他非常兴奋，多摘了一些带回家与家人朋友分享，大家品尝后都大呼好吃，没想到一段童年的记忆竟然成就别样的美味。第二年，刘文峰开始多留一些苹果延迟采摘期到第一场雪后，大概在 2008 年 12 月 26 号和元旦期间采摘，将经历了风雪的苹果分享给周围的亲戚朋友，大家都发现这时候的苹果品质的确较普通苹果好很多。后来刘文峰邀请一些朋友到山上品尝，有人提议这个苹果这么好吃应该取个名字区别于普通苹果，刘文峰随口说，“既然它采摘于雪后，我们都叫它雪苹果。”在场的一个曾担任双语小学校长的朋友对“雪苹果”这个名字大加赞赏，说，“这个名字好，既说明了苹果的特点，又非常好听好记，就叫雪苹果吧”。从此后，刘文峰的“雪苹果”在朋友圈里传开了，好多朋友慕名来品尝，购买。

在种植雪苹果过程中，刘文峰发现虽然雪苹果诞生于偶然，但真正将它培育好也不是件容易的事。因为雪苹果采摘晚，果树容易生病和被虫子损坏,冬季多风造成果子被树叶,或树枝刮伤和掉落。另外,具体采摘时间开始很难把握,摘得早了口感不好,摘得晚了一旦遇到气候突变苹果容易被冻伤,口感外观都受损。2012 年 12 月左右,受寒流突袭,留的苹果都没来得及摘,全部冻伤冻坏,损失很大。为了提高雪苹果品质,保障雪苹果的产量,刘文峰连续两年在普通苹果采摘后,每天早晚两次到山上果园里测量温度、湿度,观察气候,注意风向等,其中的艰辛程度可想而知。功夫不负有心人,经过两年的探索,他终于掌握了雪苹果采摘的最佳时间和管理的经验,培育出既好看又好吃的雪苹果,谈到这两年的探索,刘文峰感慨地说:"种苹果和我们处事一样,我们对它不够上心,它只能让我们伤心,不能换来大家的开心。"

随着培育经验的丰富和品质的提高,刘文峰逐渐扩大雪苹果的种植范围,经过几年的摸索,他找到了最适合雪苹果生长的地方,雪苹果的产量逐年提高,雪苹果开始从刘文峰的朋友圈走向市场。谈到雪苹果的市场化过程,刘文峰满脸自豪。据他讲,早期的雪苹果,主要是分享给亲戚朋友吃,有些朋友吃了觉得好吃,第二年还要,但不好意思每年都白吃,就说付一些费用。当时市场上普通苹果的价格不到 1 元/千克,雪苹果要卖到 2.5 元/千克,朋友们觉得值,纷纷购买并介绍其他朋友。村里其他果农听说雪苹果卖到 2.5 元/千克,都表示诧异,刘文峰看到这种情况,为提高雪苹果的价值和影响,扬言明年雪苹果论个卖,5 元/个,村里果农更加诧异了,都说刘文峰吹牛吹大了,等着第二年看他的笑话。结果出人意料,第二年 5 元/个的雪苹果供不应求,果农们心服口服。供求影响甚至决定市场,伴随着雪苹果的名气越来越大,需求量也越来越大,价格自然水涨船高,第三年,刘文峰用礼品盒包装雪苹果,卖到 10 元/个,第四年 15 元/个……今天的雪苹果,12 个/盒,卖到 158～198 元/盒不等。尽管价高,每年的销售量依然很大，销售的范围已经走出烟台市而走向全国的许多大中城市。

雪苹果的高价格引起周边许多种植户的注意，他们也纷纷效仿刘文峰，推迟采摘期，结果发现口感不如雪苹果，并且种植的风险较大，很多人放弃了这种探索，还是以传统方法种植苹果。刘文峰经过反复实验发现，善疃特有的小气候、土壤和地形是保障雪苹果品质的关键因素。随着雪苹果的名气大涨，各种质疑也随之而来，甚至传到了农业技术部，2012 年国家农业技术部的有关专家特意到善疃对雪苹果的品质进行检测，发现它的糖含量高于普通苹果，值得种植并推广。

在任善疃村书记的过程中，刘文峰经常说的一句话是"一人富不叫富，我是村书记就要带动周边的老百姓富。"为提高果农的收入，刘文峰毫无保留地将雪苹果的采摘时间和管理经验推荐给其他果农，村里有许多果农，比如，姜中浩、姜学民等也效仿刘文峰尝试在小雪和大雪之后采摘苹果，现在他们的苹果虽然没有像刘文峰的雪苹果那样卖出高价钱，但也比市场价高出很 3～4 倍。善疃雪苹果的培育和推广为果农们打开了新世界的大门，在推动善疃苹果产业兴盛的同时，也在满足大众多样化味蕾需求的道路上迈出了极具意义的一步。

我国栽培樱桃已有 3 000 多年的历史。周代的《礼记月令》中记载："羞以含桃，荐寝庙"，这里的"含桃"就是樱桃。可见当时已把樱桃作为祭祀社先的珍贵果品了。樱桃虽然味美可口，但果实过小，成熟期又太短，常常"食未果口"就下市了。到了 19 世纪 80 年代，由华侨引入的欧洲甜樱桃，开始在烟台市东郊栽培，经过百余年的培育，形成了果实大、口味美、宜金鲜食，也适于加工的烟台大樱桃。1995—2000 年，福山区政府大力鼓励农村发展经济作物，并提出"福山要发展 10 万亩大樱桃"的战略，为响应区政府的号召，部分村民开始种植大樱桃。

属于善疃村的樱桃记忆可以追溯到20多年前,1994年姜国刚任书记,开始将部分麦田改为樱桃种植。由于种植经验相对缺乏、技术不够娴熟,种植初期樱桃长势并不理想。1994年左右,善疃村集体购进樱桃苗,在区政府和村民的共同努力下,积累种植经验,进行技术改良后善疃村开始大面积种植樱桃,到了20世纪90年代后期,除苹果外,几乎所有村民都种植了樱桃。最早期种植的樱桃品种主要为大紫,而村里樱桃的品种则有红灯、大紫、美早、意大利红,以前还有伦妮、芝罘红等。

樱桃是喜光、喜温、喜湿、喜肥的果树,适合在年均气温10～12℃,年降水量600～700毫米,年日照时数2 600～2 800小时以上的气候条件下生长。冬季极端最低温度不低于－20℃的地方都能生长良好,正常结果。土壤以土质疏松、土层深厚的沙壤土为佳,适合坡地栽种。善疃村气温、光照、灌溉条件良好,适合樱桃种植。村北为坡地,村南为平原,村子有"村北樱桃,村南苹果"的说法。

樱桃一年中的生长从花芽萌动开始,经过开花、萌叶、展叶、抽梢、果实发育、花芽分化、落叶、休眠等过程,周而复始,这一过程称为年生长周期。善疃樱桃生长周期从4～11月中旬,大约八个月的时间。俗话说,"樱桃好吃果树难栽",善疃村果农围绕着樱桃的生长发育规律,采取相应的栽培管理措施,满足了樱桃生长发育需要的条件,栽种的大樱桃果实厚实、果汁充分,酸甜可口,不仅得到消费者的一致好评,还在各级评比中连获殊荣。2010年,善疃村的大樱桃通过中国绿色食品发展中心"绿色食品"认证,并通过了以后每三年一次的复审。2011年获"烟台市名牌果品"荣誉。2013年,大樱桃"美早"获得烟台市樱桃最佳质量一等奖。

也有人说"樱桃好吃熟难摘",强调的是樱桃采摘的艰辛。善疃村的樱桃一般在每年的 5 月 20 号进入采摘季，过去的果农一般是自己家采摘或请亲戚朋友帮忙，树多的果农会雇人采摘，采摘期 20 多天。现在伴随乡村休闲旅游的发展，游客自己采摘也成为樱桃收获的一种方式。果农的樱桃销售主要有四种途径：外村人来村收购、本村人在村里代购、在村头支个棚做收购点、村民自己送往西黄山收购点，大多数村民去西黄山收购点销售。随着电商的发展，个别村民开始网上销售樱桃，收益比较理想。

雪苹果 1

雪苹果 2

大樱桃

收获的喜悦

六、抚今追昔

踏着时光的印记缓缓前行，善疃村经历了战争、灾难，也见识过风霜、雨雪。一件件事情在岁月的缝隙里滑落，一个个组织在时光的轨道之间组建、发展和成熟。善疃像一位耄耋的老人，像一个时代的见证者，见证善疃的成长，见证一代代善疃人为家乡所付出的努力，见证独属于善疃的那份流金岁月。

村委会

村委会是村民委员会的简称，是中国大陆地区乡（镇）所辖的行政村的村民选举产生的群众性自治组织，是村民自我管理、自我教育、自我服务的基层群众性自治组织。村委会的前身是生产大队，生产大队是中国大陆农村地区在人民公社时期存在的农村基层组织，其前身为"行政村"，实行人民公社制度以后，"村"过渡至大队；人民公社解体以后，恢复到原来"村"的体制。

集体经济时期，善疃村生产大队总揽全村的大小事情。当时，村子又划分为九个生产小队，农作物播种、收割、管理，集体设施如水库、水渠的修建、副业的开展都由生产大队统一组织进行，生产小队负责落实。劳动所得归国家、集体和个人三级所有，分配原则是"人七劳三"：就是70%的所得按人头分，30%按劳动量分。村里的果树属于各个生产小队，在耕地面积一定的情况下，没有减免公粮征收数量的情况下，生产小队如果想要多种果树，就必须要相应地多开荒，以补公粮缺口。后来苹果能够卖钱，各生产小队开始大力发展苹果种植，记工分给钱，种植苹果获得的经济效益较大，因此，个别生产小队个人分的钱更多。1980 年以后开始单干，地和山都分，口粮地用来种粮食，比如麦子、玉米、花生，需要交公粮，果树分到户之后，各家按照原来的树种，没有对树进行砍伐。种果树需要交税，果树论棵分。

现在的善疃村委会的职能已经发生了很大改变，不再对生产具有组织管理的职责。村里也没有了集体经济和收入，对村庄事务的管理转向社区服务。其主要职责有：①宣传维护和贯彻宪法、法律、法规、国家政策和村民的合法权益，发展村里的文化教育，普及科技知识，促进村和村之间的团结互助；②管理本村集体所有的土地和其他财产，教育村民合理利用自然资源，保护和改善生态环境；③支持和组织村民依法发展各种形式的合作经济和其他经济，服务和协调本村生产活动；维护双层经营体制，保障集体经济组织和村民、承包经营户、联户或者合伙的合法的财产权和其他合法的权利和利益；④举办和管理本村的公共事务和公益事业；⑤组织实施本村的建设规划，兴修水利、道路等基础设施，指导；⑥调解民间纠纷，协助维护本村的社会治安，向人民政府反映村民的意见；⑦向村民会议或者村民代表会议报告工作并接受评议，执行村民会议或者村民代表会议的决议、议定；⑧建立健全村务公开和民主管理制度；⑨法律、法规规定的其他职责。

村委会的办公场所，也称为村委大院，前身是解放初期的村公所，老村公所是个两进院，位于村西北边姜中堂家附近，现在用作理发店。1964 年左右，因为村公所面积小，搬到西北面的房子。20 世纪 90 年代小学搬至张家铺，村委搬至以前的学校，也就是现在的村委大院所在地。

供销社

供销社指的是为满足农村生产和生活需要而设立的销售生产工具、生活用品和收购农产品、副业产品的商业机构，善疃村大桥头的鞠涛商店前身就是村里的老供销社。1958 年，学校搬到其他地方后，祠堂闲置，集体供销社搬过来，一直到经营到 2009 年，供销社搬走后，祠堂做供销社的仓库，一直到 2016 年春天祠堂要修缮，于是仓库中的东西就被全部搬走。

1953 年建立供销社时，地址在祠堂前面，职工有姜其言、姜其帮、姜坐范、付德沉。姜其言、姜其帮的工资为每个月 1 千克苞米。供销社实行农民入股、县联社拨部分资金的制度。村周边只善疃一个供销社，总社在谭家庄。供销社卖日常用品、烟酒糖茶、食盐、学生用品，还有化肥、农药、农具。卖鞋帽不卖衣服，布匹(一滚一滚的)是用尺子量着卖，可以随便买。当时供销社也没有柜台，几个人负责把东西摆好，去谭家庄进货用担子挑。

善疃村老党员刘赞香提到，在供销社时期，她负责在村里组织收过破铜烂铁，也按人头收鸡蛋，最开始一个人半斤(1 斤 = 0.5 千克)鸡蛋，后来是一人一斤。当时村里还特意买了辆其他村都没有的三轮车，专门把鸡蛋拉去谭家庄供销社，还因为工作干得好，被谭家庄公社表扬通报，奖励了两个印着“老人民公社为人民服务”的瓷杯，是为善疃村唯一有此杯子之人。

1961年开始供销社凭票供应，买桃酥用粮票。杀猪要到供销社，先将猪卖给供销社，然后供销社杀猪卖给百姓。油是凭户给，收钱。不赊账。那时进门第一间房为供销社门市，正房，耳房作为仓库，东厢房是员工宿舍，住有王长孟、王景寿、江志强和一位赵姓员工。1969年时供销社在祠堂前面的房子里，后面是仓库。东厢房是伙房，东面耳房是食盐仓库，西耳房、正房放日用百货、面、布。

20世纪70年代开始供销社和村里联合经营（简称联营）。供销社出资金，村里出房子，都派人参与供销社经营。1970年春，鞠芳地置办了供销社货架、柜台，是年供销社被称为“红色的供销店”，鞠芳地因供销社广受好评参加县招待会，1971年12月份鞠芳地调走。

1992年鞠涛来到善疃，以9 800元的投标价承包了供销社，那时鞠涛仍属于职工，利润交总社，总社给发工资。9 800元包括交的三险一金钱，合同是和总社供销社主任峦志军签的。2008年，鞠涛签订了解除劳动合同书。2008年5月31日以后，鞠涛交烟台市回里镇供销联合作社管理费至今，每年1 000元，包括税务工商等的证件费用。鞠涛家现存食盐专营许可证、卖农药化肥的危险化学品经营许可证。2009年腊月初八供销社从祠堂搬到商店，到2016年春祠堂一直做供销社的仓库。2016年修祠堂时，鞠涛无偿、无条件搬出，后来村里批了一块地，鞠涛夫妻花了20多万元自建了商店和仓库。

供销社

乐善合作社

我国农业相对落后，农民收入低已影响全面建成小康社会的进程。尤其在市场经济体制逐步完善，经济快速发展的今天，市场竞争日趋激烈，小规模家庭经营的弱势逐渐显现。为改善这种状况，增强农民生产经营的组织化程度，克服小农生产与大市场之间的矛盾，提高农业劳动生产率，让农民可以抱团闯市场，获取规模效益，国家鼓励农民建立专业合作社，各级政府为建立各类农村专业合作社提供政策和技术支持。

种植苹果、樱桃等水果的收入是善疃大部分家庭的主要经济来源，但长期以来，果农们一直是单打独斗，既不利于先进种植技术和管理经验的推广，也不能提高售卖价格。为改善这种状况，2010 年时任村书记的刘文峰想到通过建立果业合作社的形式将全村果农团结起来,大家一起抱团闯市场。但根据《中华人民共和国农业合作社法》第十四条规定:“具有管理公共事务职能的单位不得加入农民专业合作社”。因此,无法以村集体的名义申请成立合作社,最终以个人名义创办善疃果品专业合作社。

善疃果品专业合作社集生产、销售于一体,通过土地入股和果实入股的形式吸收本村及周边果农加入。加入合作社的果农的收入包括两部分:一部分是合作社以高于市场土地租金约一倍的价格给付的土地流转金;另一部分是土地上附着物的价值,土地上种植的果树,收获季节合作社以最低高于市场价格 1/2 的价格收购果实。善疃果品专业合作社成立后,本村和周边入股的果农有七八十户,其中,有五六十户的果农选择土地入股,入股土地总数达到 200 亩左右,适合连片经营和管理。平时的田间管理合作社由十几个人专门负责,农忙季节人手不够,雇本村村民,或周边其他村村民上百人一起劳作。在合作社经营过程中,对入股的土地上的果树,及时进行调整,一些果品质量差、产量低的老树、残树等被伐或嫁接为其他品种以适应市场需求。

加入合作社后,果农们受益匪浅,用他们自己的话讲,就是省心还多赚钱了。因为原来单打独斗时,事无巨细果园里的所有事情都得自己操心,从选择种植的品种,购买树苗,购买农药、化肥,到田间日常管理,售卖等各个环节都得自己完成。现在加入合作社后,基本一切都不用自己操心,只负责干好自己的那摊活,同时合作社分工明确,做起来越来越熟悉,效率不断提高,也越来越感到轻松自如。最让果农们感到省心的是售卖环节,以前的售卖,或自己运到市场零售,虽价格能卖得相对高点,但费时、费力、还费心;或卖给收购商,省心但价格不理想。加入合作社后,这一状况大大改观,合作社以高于市场价格至少 1/2 的价格收购,非常省心,用果农的话讲,再也不愁卖了,好好种,就肯定有钱赚。

随着乡村休闲旅游的发展，善疃果品专业合作社因其功能仅限于果品生产、销售，无法适应新的发展需要。2012 年，刘文峰在善疃果品专业合作社基础上成立“新峰乡村旅游专业合作社”，源于善疃之善，打造并注册乐善品牌，并于 2013 年开始起步运营“乐善旅游开发有限公司”。由原来单一的果品专业合作社发展为集水果、蔬菜、农家乐、休闲旅游等为一体的综合合作社。提起当时为什么以乐善为品牌，刘文峰解释为，善是善疃人的骄傲，提高水果品质，把高品质、无污染、绿色有机的水果和蔬菜提供给消费者是善的最好体现。另外，借助成语“乐善好施”的谐音“乐善好吃”，让消费者提到乐善品牌就联想到善疃的水果蔬菜好吃，百吃不厌。吃到乐善的水果，就想到狮子山下这片善山、善水和善良的老百姓，通过“乐善”品牌，让更多的世人了解、认识善疃，进而走进善疃，爱上这里的善山善水，让善疃之善能够名扬四海。

新峰乡村旅游专业合作社

护林防火队

善疃村一直比较注意山岚的防火安全问题，仅在 1962 年发生过一次大的火灾。谈起那场大火，75 岁的姜忠玲至今记忆犹新。据他回忆，那是在 1962 年春天，村里一个老太太在山上两眼坡位置干活的时候，觉得比较累抽烟解乏，随手将抽剩的烟头掐了一下丢到路边的草丛中，没想到烟头点燃了身边的干草，由于附近干旱枯草太多，又加上正值风干日燥的季节，转眼间火势迅速蔓延，由干旱枯草烧到了周边的树木。老太太发现火势大起来后，连忙呼喊着救火，无奈周边没人，再加上离村远，导致火灾没能及时扑救。

大火着了一段时间后，村民才发现山上着火，各生产队干部马上组织社员放下手里的活，到山上救火。村里社员们纷纷拿起工具，赶到两眼坡救火，这时发现两眼坡的整个山坡都已经是大火熊熊，火势非常猛烈。大家顾不得其他，用自己认为的合适方式积极救火，有的拿着镰刀砍树木，有的拿着铁锨拍打火苗，有的拿着镢头刨……后来发现天气太干燥，火势蔓延速度太快，只是靠人工一味地拍打火苗无法阻挡大火的蔓延，有人出主意，在大火外围刨出一个隔离带，可以防止火势蔓延。在这个建议下，大家纷纷用各种工具在大火外围刨出一个宽约两米的隔离带。经过将近一天的扑救，大火终于被扑灭。据估计，这场大火烧毁了约几千亩的山岚，山上的灌木、松树、波罗树（当地居民口述的山上的一种树，谐音）等大批被烧毁，损失惨重。

这场大火给村里的防火工作敲响了警钟，也给上山干活的村民打了防火的预防针，尤其在风干日燥的季节大家上山干活都比较注意防火。由于善疃村山岚面积大，防火任务重，2000 年以来，福山区、回里镇和善疃村三级单位分别在山上不同位置设有护林防火队。区林业局在山顶建有护林防火站和瞭望哨，有六名长期防火巡逻员 24 小时值班，他们每天在山顶附近巡逻，在瞭望哨观察，能够观察方圆几百亩甚至上千亩的山林状况，一旦发现火灾或异常，马上向有关部门汇报。回里镇林业部门在半山腰善疃水库上游建立护林防火站和瞭望哨，从村里招募五名长期防火巡逻员 24 小时值班，巡逻和观察周围山岚、耕地和村里的状况，发现异常，也要向有关部门汇报。

村里每天安排四个人组成护林防火队，每天在村里、村周围巡逻观察，以防发生火灾等意外；春季天干物燥时，在上山必经的路口村里派专人检查火种。每年的祭祀节日，比如，清明节、农历七月十五（当地人称鬼节）、农历十月初一（当地人称“月日”）等，福山区政府和区林业局的包村干部、回里镇政府和镇林业部门的相关人员和村委加派的巡逻检查人员，全天在村里、村周围、山上、各路口尤其是公墓等地检查火种和劝阻村民上山烧香烧纸。春节和元宵节村干部也会安排专人在村里、村周围、山上、各路口和公墓等地巡逻检查，做好防火工作。另外，为保障山岚安全，村里还在上山必经的路口设有专门的治安防火岗，负责治安、看管进山道口、登记车牌号等。在各级政府和有关部门的努力下，善疃的山岚保护得非常好，从 1962 年至今，50 多年来一直没有发生大的火灾。

打工“班车”

善疃村的生活较周围村庄更加富裕，也源于村民勤劳能干，有着务农副业两不误的传统。新中国成立前，村中有小饭店、药铺、肉店、纸匠铺等，还有村民当货郎摇鼓卖针线、卖炒花生、贩卖鱼干（籽、面）、卖柴火等。

20 世纪 60—80 年代，村中很多妇女就开始通过织花边、绣花边的方式补贴家用。村里也有木匠铺、磨坊、油坊、条编等。1971 年，村里成立服务站，提供化肥、农药、苹果销售。20 世纪 70 年代末，当时周围村庄还主要以务农为主，很少外出打工时，村里就开始组织青年人外出挖土方、垒墙。

20 世纪 60—90 年代初，纺棉花又成为善疃村大部分妇女的副业，村里派人从烟台的厂子里拿棉花，回村派活纺成线，再送回厂，厂子制成铺盖用的棉毯。纺花采取计件的方法计价，一天大概能挣 7～8 角，能干的人能挣 1 元多。当时政府提倡“消灭无工村，无工不富，无厂不活”，村里也办起过酒厂、窑厂、翻砂厂、服装厂、纸箱厂、铝合金加工厂等。

目前，有 80%的村民在农闲时外出打工，或是在村里的民办厂子做工，男人主要外出从事园艺、木工、瓦工、建筑、清洁等工作；妇女以缝纫为主。活忙的时候，有的用工方会在早晨 5:00 就派小面包车接走打工的村民，被村民开玩笑地说是“打工班车”。村里有个体商店、铝合金加工、汽车运输等工商户 50 余家。为促进当地果品销售，发展村庄旅游资源，2011 年，村里成立了“善疃果品专业合作社”。

七、学堂记忆

善疃村民风纯朴，建村伊始便懂得教育的重要性。乡亲们言传身教，让一代代善疃人沐浴着美好，茁壮成长。而学堂的先生们也孜孜不倦，倾尽所学，把一代代的孩子们带进知识的殿堂，也让他们走向更广阔的天地去继续求学。在这个村落，教育犹如一盏明灯，不管是在贫瘠的岁月里，抑或物质丰裕的年代，它发出的萤萤微光，足够穿越数百年的岁月而又熠熠生辉，照亮了人们的前行之路，也让人们走得愈加坚定。

而今，祠堂焕然一新，却再也找不到当年学校的影子。善疃完小也只是存活于老人们的记忆中，再寻不见踪迹。但善疃村民却一如往日，把教育当作根基，众志成城，为一代代的孩子们提供更好的条件。这让善疃人的脊梁挺得更直，视线看得更远，步伐走得更坚定。

祠堂学子

20 世纪 30 年代的中国，社会矛盾重重，危险与机遇并存，关于社会改造和现代化发展道路的思考和争论此起彼伏。围绕着社会改造这一核心问题，人们将视线对准教育事业，各种教育思潮兴盛，教育实践和改革活动不断涌现。

而偏居一隅的烟台也正经历着一场场改革，善疃村自然也免不了牵涉其中。曾承载着姜氏家族祭祀任务的姜氏宗祠被收归国有,祠堂的南门房子一夜之间变成了村里的小学。曾经是姜氏族人进进出出的场所,当时却成了孩子们的天堂,依旧是那般肃穆神圣。这是善疃村20世纪的第一所小学,也便在善疃人的心中有着不可抹去的份量。村里的人每每提起,话语里总是带着一丝自豪,腰板也挺得更直了些。

学校在当时颇具名气,善疃姜家、善疃刘家和善疃林家三个村的学生慕名而来,共四五十个学生在此处就读。当时的学制颇具现代教育观念,实行六年制教学。学校也秉承平等先进的办学理念,男、女学生均可入学受教。因此,当时入学的女学生并不少。另外,受限于当时的师资力量和教学条件,教学采用复式方式,即一二、三四、五六年级分别在一个教室里上课,这在当时也是最普遍的教学形式。在那个艰难的岁月,学校的硬件和软件条件都很差,但肖一超、林世杰和姜宝礼三位仅有的老师仍不敢怠慢,尽职尽责,一心扑到了学校教学上。

时至1935年,年月的流经也给这块土地上带来了更多子孙后代,村里的娃娃也多起来了。从前满街乱跑的孩子到了上学的年龄,便都被送去学校,乖乖地坐在教室里。那一年,学生数量增加至70～80人。一年级的学生是其中的主力军,有二三十余人。

日子慢慢走,背着书包上学堂的孩子也越来越多了,单单一个祠堂难以承担如此重任。多方协商下,其他姓氏的族人也决定参与其中,为孩子们提供更适宜的学习环境。除了已有的姜家祠堂外,刘家祠堂、林家祠堂和付家祠堂也成为孩子们学习的天地。而徐兆杭(1932年生)九岁上学时便是在姜家祠堂。当时学校只保留了四个年级,五六年级则分散在其他三个祠堂里。并不大的祠堂,东西两间厢屋,中间有条狭窄的过道,四个班的孩子就在这一方天地里学习,玩耍。善疃村民们众志成城,在贫瘠的年代,尽力为孩子们提供着更好的受教育条件,也足见对教育的重视。

祠堂小学的教学安排在当时也是独树一帜,在原有传统基础上结合当地特色,积极的开拓创新,推行所谓的"三放学"制度。学生们需要早晨5:00到校,跑早操1小时后,解散回家吃饭,这算第一次放学。早晨8:00返校上课,在结束一上午的四节课后,这一天的学习暂时告一段落。本村孩子回家吃饭。外村学生则在校内解决午饭问题,这都是需要从自家带饭来的。此外短暂的午休时间,说是午休,实则只是趴在书桌上小憩一下,这么做是为了让孩子们之后上课更有精神。接下来仍旧是满满一下午的课,丝毫不容人懈怠。直到傍晚放学回家,这才正式结束一天的学校生活。这种安排着实是教育者的智慧,也十分的人性化,切实考虑多方的感受,尽可能地满足大家的需要。一方面,它符合当地农民的作息时间,便于家长管理孩子们。另一方面,它也督促孩子们养成早起早睡的好习惯,同时勤于锻炼,练成一个强健的体魄。

因为这种特殊的教学形式,善疃村还曾发生过一件乌龙事件,所幸有惊无险。徐兆杭(1932年生)年幼时也曾听长辈提起过,村里的老人也大都记得这件事情,至今提起这件事都心有余悸。

> 在1939年左右,天还未明之际,日本官兵浩浩荡荡地闯进村子扫荡。刚好学生们在跑早操,哨声格外的嘹亮,就是这再普通不过的哨声,却引起了日本官兵的怀疑,大队人马将学校团团包围,不分青红皂白便闯进学校抓走了老师,日本人咬定这些老师都是八路伪装的,实际上在组织训练,准备杀一儆百。所幸最后弄清事情原委,老师们平安归来。

姜民范(1930年生)九岁进学堂,念完了整整六年书。谈起读书时代的事情,他虽然嘴上说着记不得了,但实际上却滔滔不绝。那些记忆,虽年代久远,却依旧历历在目。

当初上学的日子常常是这样的:天还蒙蒙亮便起床穿衣,未来得及吃饭便步履匆匆跑去学校。大约是因为“身体是革命的本钱”,到校后老师便会组织大家以班级为单位按年级从高到低站好队跑早操。“一二一,一二一”,嘹亮的口号声伴着口哨声久久回响在操场上。简单的回家吃过早饭后,便要返校开始正式上课了。课间时光总是最欢乐的,一堆孩子挤在教室前面,踢毽子、丢沙包,好不热闹。午饭过后,他们会回学校午睡。有人静静地趴在书桌上,也偶有调皮的孩子会左顾右盼,被老师发现后便会用细竹条打手掌。

学校教学理念先进,主张让学生们全面发展,这也顺应了当时先进的思想潮。除了开设国语、算数等常规课程外,也将书法、历史、体育、音乐等课程纳入教学体系。虽然教的都是基础的东西,但也极大程度开拓了学生的视野。当时的国语课用的是“中华民国”新课本,主要教识拼音。“啊喔呃,咿唔吁”,学生们摇头晃脑,一句一句认真地跟着念。而在毛笔课上,他们有个写字小帮手叫“方圈”。那是一种铜制的圈,用来压住纸,以露出圈中间的字,方便写字。音乐课上便是老师教唱一些简单的儿歌,体育课则接近自娱自乐,以跑操为主,也不时穿插些小游戏。虽然课程简单,但丰富的课程设置仍极大地激发了孩子们的学习兴趣,让他们乐于学习。

为人师者,多是本村有学识的老人和刚刚中学毕业的年轻人,也偶有外村人来任教。而老师每年的工资也并不多，基本上是由学生的学费凑齐的。这些老师，因为对教育事业的热爱，甘愿忍受贫困，奋斗在教育的第一线。

学校在教学设置各方面颇具人性化，坚持“有教无类”，这也是教育的真谛所在。偶有交不起学费的学生，便以招待老师去家里吃午饭来代替，不让一个孩子因贫穷而“掉队”。因为这一安排，学校很少有辍学的学生。而另一方面，这种安排也增进了师生间的感情，让老师和学生的关系更加融洽和谐。

十年树木，百年树人，祠堂小学以开放包容的姿态迎来善疃学子，润物于无声，育人于无形。它在那贫瘠年代发出的点点微光，足以慰藉善疃学子的心灵……

而这个承载着他们的学堂记忆、传出过琅琅书声的祠堂如今也已被翻修一新，继续承担其祭祀的作用，关于学校的点滴记忆，只存在于当年学子们的脑海中了。

北庙书声

时光悠悠地走，到了 20 世纪 50 年代，中国社会百废待兴。在那个一穷二白的年代，第一个“五年计划”和“三大改造”运动也逐步拉开了序幕。而国家领导人也指出“扫除文盲”的指示，一场轰轰烈烈的扫盲运动也就此孕育开来。因此，各地的教育改革也提上了日程。

善疃村也顺应时代的潮流，在教育的路上不断开拓创新。在 1951 年，善疃北庙被改造为学校，取名“善疃小学”，这也是新中国成立后村里的第一所小学。

善疃北庙曾是深受村民敬仰和供奉的一座大庙，建于何时无从考证。庙中共有两个殿堂:佛爷殿和关爷殿,分别供奉佛爷和关老爷。其中,佛爷殿为正殿,位于北屋,正对大门供奉头戴帽子的佛像一尊,在佛爷两侧有十八罗汉,还有守门的泥塑。关帝殿为次殿,此外东厢房放着庙的财产和去世的人的牌位。在 20 世纪 30 年代时北庙还有和尚,叫徐连,是本村唯一的和尚。北庙附近的十几亩的土地都归他所有,他自己或找人帮忙耕种以维持生计,旁边还有栋房子就是提供给打工的劳力居住。

北庙沿袭传统的祭祀仪式。每月初一、十五打鼓、念经、撞钟,每年正月初一、十五烧香上供。上贡时用筐子装十个大饽饽供在佛前,然后由家中男性长辈带领男性后代在佛前烧香、烧纸、磕头等。每年七月十五也由家中男性长辈带领男性后代去庙里烧香。村民烧香求佛时,有和尚在旁边敲木鱼、念经,不收取香油钱。北庙也曾是人们祈求平安健康的心理慰藉。佛爷殿中挺着大肚子的罗汉被村民视为送子罗汉,送子观音更是常受到不孕妇女的香火祭拜。另外,村民身体不适时也习惯去庙里烧香、烧纸以求平安。

直至 1947 年,由于土地改革破除封建迷信,北庙中的神像被拆除并拉走。同年,烟台有工厂搬到庙里开办铁工厂,传言是共产党的兵工厂。后来,兵工厂撤走,北庙被改造为善疃小学,庙宇也因此重焕新生。东面六间破旧残损的厢房被改造成了窗明几净的教室,曾经的佛爷殿作为学校的办公室使用,西面临近的房子则设为食堂。历经风风雨雨,见证年岁变迁,北庙又以新的姿态重见世人。

当时的善疃小学面积有限,因此只接收 1 ~ 4 年级的孩子入学。每个年级的规模也不算大,分别只有一个班级。到了 1957 年,善疃小学正式更名为善疃完小。而善疃完小作为当时的总校,只吸纳特定的五六年级的孩子入学,1 ~ 4 年级的学生则被分散安排到村里的其他四家祠堂小学入学。相比之前的祠堂小学，善疃完小的面积和规模并不算大。

据姜典新(1946年生)回忆，他们小时候经常在祠堂边玩耍，因此，对学校的印象更深刻些。那时候祠堂已经改成了学校，有人在那上课，如果哪一天能捡个粉笔头儿玩都觉得很高兴。他10岁开始上小学，学校搬到了北庙完小，他上了有五六年的时间。当时全国大炼钢铁，讲的是“以钢为纲”，他们放学以后也在学校附近拾砖。

据姜忠玲(1943年生)回忆，他九岁上学，念了七年书，对善疃小学的印象更深些。他在村北庙上的小学，当时叫善疃小学。北庙里的泥老爷爷都砸了，改造成了教室。有四个年级，各有一个班，都是30多个学生，都是本村的。东、南、西面都有门，南面两个，西面一个木头小门，只有东面的门大些，门槛还是活的，可以放到槽里锁上门。南面是堵墙，东面和西面各一溜房子，北面有两栋不相连的房子，大队的油坊就在当时北面靠东的那栋房子里面。当时早上8:00上课，中午回家吃饭，下午还是上课；一个周上五天半课，周六上午也要上课，下午放假；一年级上语文，算术，美术，体育；二年级每周多了一节音乐课；五年级他去外村上学；六年级又回到善疃。这时善疃小学已经改成了善疃完小，五六年级有80多个学生，分别来自周围五个村，分成了甲、乙两个班，各占北庙东面的六间房里中的三间。他在六年级甲班，班上有40多个同学。

据姜德伟(1958年生)回忆，他从小便在善疃小学读书，后来先后去过东窑、羊棚子、北庙、东沟马蜂房四个地方上学，每换一个年级就要搬一个地方，一直读到四年级。

善疃完小的规章制度也紧跟现代教育制度的步伐，不断做出调整改变。学校取消了祠堂小学时期的早操制度，让学生们再不用贪黑早起，仅在上午大课间时跑操锻炼。不同于往日的“三放学”制度，取而代之的是更合理的“两放学”制度，规定早上7:00半到校，8:00正式上课。一上午安排四节课，课时40分钟，让学生们能保持较高的精力集中，学习更富有效率。下午1:00上课，依旧是四节课。冬天则较为特殊，考虑到日短夜长，便只上三节课，让孩子们早早回家。这也体现了学校教学安排的人性化，充分考虑学生的感受。

当时学校的食堂仅有一个人负责，因为人手不够，并不给学生提供午饭。食堂仅有两口大锅，其中，一口锅是专门给老师做饭的，另一口锅则是给学生们热饭用的。虽然学校设施匮乏，但爱护学生的心思却处处可见。考虑到外村的学生人数颇多，中午回家吃饭不方便，便让他们把午饭带到学校，食堂免费给加热。上午第三节课课间的时候，每班都会把大家的午饭收起来，然后在第四节课的时候把饭拿过去并派一个人留下热饭。当时学生们心思都不在学习上，留下热饭成了个美差，常有学生以此为借口逃开上课，或者上自习。

学校在课程安排上也更为丰富，强调“德智体美”全面发展。除了语文、算术外，还开设地理、历史、体育、音乐、美术等课程，已和现在课程别无二致。相比之前较为贫乏单调的课外活动，课程更加丰富多样。此外，学校购置了篮球并在校外设有两个篮球筐，虽然朴素简陋，但也给孩子们带来新奇的体验。院子里还也有个石头垒成的临时的乒乓球台，下课时常有人在这里一决高下，也少不了有人围观加油喝彩。

当时的学校依旧很贫穷，没钱购置黑板，只能用石灰在墙上抹成厚厚的一层来勉强代替。黑板上面照例是“好好学习，天天向上”这几个鲜红的大字。当时考试成绩都会写在纸上然后张榜公布，顺序即为名次，由高至低排列。林学敏当年虽然贪玩，但学习成绩不错，总能名列前茅，因此每次看成绩时颇有种古代的科举考试金榜题名的感觉，很是骄傲和自豪。

到了20世纪60年代，为了满足越来越多孩子的入学需求，学校开始扩建教室，在南面又新建了六间房子。为了让孩子们强健体魄，活动筋骨，新的操场也在东边开工破土。而这次学校的修建是在学生的关注下动工、最终完成的，他们也参与其中。林学敏看到那个操场格外亲切，她回忆当时，善疃完小外加四个祠堂小学的学生，只要是三年级以上的孩子都要去参加劳动，帮忙抬泥建操场。建操场挥洒过汗水，教室里留下过读书声，因此每每想起上学的时光，总是幸福又知足的。

“文革”时期，中国社会陷入一片混乱，教育事业遭到严重破坏，“串联”这一极具时代特征的活动也应运而生。所谓“串联”，又称大串联或者革命串联，是指“文化大革命”期间全国各地的学生到北京或各地互相之间交流革命经验的活动。

串联活动像一把野火烧遍了全国，善疃村也难逃浩劫。当时附近五个村的学生都来善疃完小上学，学校规模骤然增加到500多人。随着“文革”的烈火烧得更旺了，“破四旧”运动也如火如荼地开展起来。“破四旧”运动即指破除旧思想、旧文化、旧风俗和旧习惯。受此影响，北庙最终在1971年被拆除，善疃完小也随之化为废墟。北庙经历了风风雨雨，见证了善疃村一代又一代的变迁，也最终只能留在人们的记忆里。

这一场混乱不堪的“文革”运动终于在1976年画上了句号，一切拨乱反正的工作也随之展开，教育工作也亟待恢复和重建。1978年，善疃村在村南重新建了一所学校，开始有条不紊地恢复教育工作。这次学校颇具规模，有房24间，学制五年，吸引了不少土峻头、刘家、张格堡、老岚村学生来此就读。至1981年，其他村的学生相继离开，仅余本村学生在此就读。2012年，因“撤点并校”政策，该小学撤销，善疃村学生全部去往回里小学就读至今。

这些小学，如今再也寻不见踪迹，却一直藏在回忆里，角角落落，点点滴滴……

读书岁月

对善疃村民来说，读书的时光短暂却又让人难忘。可能经过了这么多年，背过的古诗、学唱过的歌曲已经忘了，但是老师的谆谆教诲、同学的嬉笑打闹，那些事那些人却始终在脑海深处，久久不褪色。

上学的时候，总觉得老师是这个世上最厉害的人，什么都懂，什么都会。虽然可能他很凶严厉，但还是很崇拜他，并且希望长大后成为像他一样厉害的人物。

姜民范(1930年生)的上学时光是在祠堂小学度过的，印象中的老师亲切又严厉。老师手中常握着一根竹条，那是准备惩罚学生用的，因为班里总少不了调皮捣乱的学生。他也曾经因为没有背过书而被老师处罚，就罚站在教室外立正。不过班上也有同学因为尊敬师长、团结同学而被老师表扬。

这些老师也都挺有才的，他的语文老师就很厉害，还同时教着音乐课。

林学敏（1954 年生）在善疃小学上学时，五六年级共五个班，学生足足有 200 余人，其中不乏许多外村求学的孩子。老师数量也相应提升，有 10 多个任课老师。她印象最深、最喜欢的就是 30 多岁的刘老师，因为他上课有意思，讲课生动形象、简单易懂，也常常在自习课上给大家讲故事，特别好玩。老师人也很好，懂的东西很多。

小学的孩子刚好是爱玩的年纪，有时课本上的东西根本没法吸引他们的注意力，也没法唤起他们的兴趣，反而是下课后的时光更加欢乐。三两成群，嬉笑打闹，踢毽子、丢沙包，恰恰是最简单的游戏有着最无尽的快乐。偶尔举办的晚会更是热闹非凡，成为孩子们日夜盼望的盛事。

在林学敏（1954 年生）的记忆中，善疃小学的六一儿童节晚会格外隆重，同学们自排自练，精心准备了许多节目，热闹程度甚至超过现在。入场时鼓队的学生们打着铜鼓绕场一周，节奏欢快，动作整齐划一，大喇叭里传来“向少年先锋队学习”的声音，然后他们便缓缓退场，晚会正式拉开帷幕。舞蹈、歌曲虽然背景不精美，但大家准备得很用心，观众们看着也很开心、很满足。她当年还在晚会上演唱了《金瓶似的小山》，虽然没有乐器伴奏，但歌声嘹亮，引来阵阵掌声。

当时学校的教室都不算大，四四方方一小间，两人同坐一长凳，同用一长桌，便成了难忘的同桌。除了家人之外，同桌，或许是孩子们接触最多的人吧。彼此检查背书，偶尔恶作剧，一天时光就这样过去了。看着彼此默默长大，看着彼此结婚生子，也看着彼此慢慢老去，也是难得的缘分吧。

姜忠玲（1943 年生）当时都是和男生同桌，可以聊的话题有很多，后来也成了挚友。他小学最好的同学有同村的姜其浩，还有张家铺的鞠芳地。他和鞠芳地是一张位（同桌）。当时花两分钱就可以买个本，花五分钱买支笔，他家条件不好没钱买，鞠芳地家庭条件好，都是同桌送给他，这让他印象深刻，他俩现在关系也一直很好。

林学敏（1954 年生）那一代则是坚持“男女搭配，干活不累”，大都是男女生做同桌。她当时和男生同桌，可能是怕两个女生在一起总是说话、两个男生在一起总是打架调皮吧。当时同桌间流行画“三八线”，在就桌子上画一道界线，小心翼翼地让自己不越界，也总是狠狠地盯着同桌，越界了就要用手肘狠狠怼回去。小摩擦是常有的，但不会演变成大的打闹。现在回想起来，也很是有趣。

总怀念读书的日子，其实不只是怀念当时的学堂，更是怀念当时遇见的那些人和经历的那些事。即使被岁月蒙上了灰尘，却依旧可以在记忆里熠熠生辉。

八、碧血丹心

伴着霞光远眺狮子山，山峦连绵，画出斑斓的曲线。这红，或许是由无数鲜血染成的，因而红得格外鲜艳。在那些纷乱艰难的岁月里，在善疃村涌现的那些英勇的身影，足以慰藉人心。

红枪会

19 世纪末，义和团运动高呼着“扶清灭洋”，在中国大地上大展拳脚，这也是一场农民运动，但最终在清政府和洋人的联合绞杀下灭亡了。而在失败后，义和团教民被杀者实居少数，绝大多数从京津一带回归乡里，一面务农，一面习教兼习武。当时正值民国肇始，时局动荡，土匪猖獗，百姓苦不堪言，于是义和团教摇身一变，在农村以“红枪会”名目建立会道门组织在山东再度兴起。由于红枪会会员所持武器为改造过的红缨枪，枪杆长为 1.5～2 米的腊木长柄，枪头为锐利尖头金属，枪头和枪杆之间配以红缨，红枪会由此得名。

红枪会的队伍不断壮大，烟台地区也渐渐出现了他们的英勇身影。而善疃村在 20 世纪 20 年代末至 30 年代末之间也曾出现过两次红枪会。他们高举着“防匪盗、反恶霸、抗日本官兵”大旗，坚持惩恶扬善的组织，因而赢得当地人民群众的尊重和欢迎。

红枪会的组织以村为单位，一村设一会堂，各村村长负责组织吸收会员，会员由年满 18 岁的成年男子组成，村中每家需有一人参加。善疃的红枪会组织成员大约 100 人，选出会长，带领会员习教兼习武。红枪会借助宗教精神，传授法术，统领会员思想。红枪会吸收会员仪式神秘而庄严，由会长带领会员，喝朱砂符念咒语，拜关帝和佛爷，以求庇佑，宣传“刀枪不入”思想，吸引信徒，提高士气，以利于战斗。红枪会会规严格，在平时饮食、日常生活及训练方面均有严格的要求。饮食有忌口，提倡吃素，不吃鱼肉等荤食。会员统一着装，头上缠黑色布带，身穿黑色训练服，腿上绑黄色绑腿。会员晚上集中在会堂休息，不允许回家，尤其已婚男子，不允许回家休息，以免玷污神灵。每天早上由两个领队带领会员磕头拜关帝和佛爷后围绕村庄跑步训练，忙时训练后回家务农，闲时全天集中训练武术。遇到土匪、杂军入侵村庄时，红枪会会员在会长的一声令下，迅速集合磕头烧香烧纸祭拜关帝和佛爷后，统一行动。

红枪会在抗日战争中也留下了不可磨灭的身影。20 世纪 20 年代末，善疃红枪会集中组织抵抗土匪和杂军入侵，捍卫村民利益，持续 1 年多后，自然消逝。七七事变后，在民族危亡关头，华北地区的红枪会奋起反抗日寇的侵略，形成了红枪会运动史上又一次高潮。

为抵抗日寇入侵，善疃红枪会再次组织起来，保家卫国，为抗日战争的胜利做出了应有的贡献。而随着抗日战争的胜利和人民解放战争的全面展开，以及广大群众的迅速觉醒，红枪会这个半殖民地半封建社会的产物，因为失去了昔日对下层民众的吸引力而自然消逝。

狮子山党组织

地处胶东地区的烟台是山东红色革命的发祥地之一，也是中国进行红色革命最早的区域之一。在烟台，诞生了山东第一个抗日民主政权。而狮子山山区是革命老区，也是抗日战争和解放战争的主要作战区。

极目远眺，狮子山一带山势险峻，崇岭耸峙，壑谷幽邃，因此，自古便是兵家必争之地。它东西长 2.8 千米，南北长 2.5 千米，海拔 571 米；地理位置优越，横跨福山和栖霞两地，位于善疃村北，门楼、回里两镇交界处。

狮子山革命区的管辖范围广大，南到牟平区观水镇，西及栖霞市桃村镇，东至牟平区牟玉，北依善疃狮子山，在山区，省内颇有名气。20 世纪 30 年代狮子山革命老区成立后，为抵挡日本的侵略，在理琪兼任司令的山东人民抗日救国军第三军的帮助下，郝明涛和任某在此发展党员，壮大党的队伍，周边 8 个村的党员组成狮子山党总支，发展了善疃的第一位党员刘义芳。

刘义芳家是革命家庭，其父刘元吉，妻子王淑月，二弟刘水芳和妹妹刘赞香都是党员。父亲曾担任村长，负责共产党的地下联络工作，住所便是秘密联络处，家里经常有地下党活动。而妹妹刘赞香就曾经给地下党报信帮助过他们逃离危险。

当时村里的青妇小队组织大伙儿在村口站岗放哨，有一天轮到刘赞香(1931 年生)她就挎着筐子假装去挖野菜，把手榴弹偷偷藏到了地边的水沟旁。刚好那天她在南大道上看到日本鬼子过来，他们穿着黄衣服带筒帽的，排了挺长的队，一看就不是自己人。她马上反应过来，连忙掏出手榴弹，一拉线就跑了，直到跑到村里的砖窑洞后面才敢喘一口气，就怕被抓住。

当时她三哥在家，听到手榴弹响了就知道情况不好，连忙从后院跑到前院来通知地下党，并给他们指好路，让他们顺着胡同跑到刘家茔去。地下党就连忙逃走，却把每个人佩戴的一颗手榴弹落在了她家炕洞里。三哥就急忙扒灰盖住这些手榴弹。前院正对着大门，刚好日本人找上门，看到她三哥鬼鬼祟祟的，就问他在这儿忙活什么，是不是地下党。三哥就说自己不是地下党，在这儿淘点灰准备上山围树。可是手榴弹还没盖好，鬼子一低头发现了，一脚就把他踢出去了，二话不说就将其绑走，对他施以严刑毒打，打算杀一儆百把他枪毙。但任凭怎样拷问，他硬是咬紧牙关，没说半个字。村里人以自己的力量为这些地下党做着掩护。最终因着有人担保他的身份，这才逃过一劫。而那些地下党也安全地转移了。

1937 年 7 月 7 日"卢沟桥事变"爆发，日本全面侵华，与此同时，中华民族进行抗战的大幕也彻底拉开。由于特殊的地理位置，善疃村面临日本侵略者和当地土匪的双重迫害。1938 年 2 月，日军占领胶东，国民党主力部队和地方政府官员南逃后，这些地方实力派就乘机抢占地盘，划分势力范围，组织自己的队伍，各自成立"保安团""别动队""自卫军"等地方武装，独霸一方，鱼肉乡里。在胶东地区势力较大的竟有 20 多股，群众称其为"胶东 24 个土匪司令"。这些人有时打日军，有时打共产党领导的军队，谁对自己有利就帮谁。

当时在福山，县官林树森趁势逃跑，而福山保安司令陈煜则以善疃为据点，将他的政治处、印刷厂等"八大处"设在善疃村闲置空房中，占据狼洞为驻点，利用南天门的地势优势设立岗哨，在善疃一带烧杀抢掠，为非作歹。

同时，善疃村的村庙红树庵也被陈煜据为己有，庵内和尚全部被赶走，设施尽数被破坏。红树庵就这样摇身一变成为兵工厂，为反动活动提供武器。而这座始建于大宋 1015 年的庵曾是村里最神圣的存在，接受着村民的祭祀和供奉，庇佑着善疃子孙。直至 1945 年日本投降后，红树庵被山火烧毁了，只依稀残留地基和些许坟墓。

在八路军与村民的联合攻击下，陈煜落荒而逃投奔青岛的另一土匪司令。在青岛调整队伍后，陈煜返回善疃，在与八路军交锋过程中抓到两名本村八路军战士姜典寿和安国成，在村里枪毙。两位烈士牺牲时均 30 多岁，尚未成家未留后人，新中国成立后他们的坟墓搬至门楼烈士公墓。善疃村有良好的群众基础和革命传统，八路军在村民帮助下，最后捉获陈煜，打垮土匪，消灭其反动组织。1939 年 5 月 11 日，日寇飞机轮番轰炸栖霞县城。5 月 12 日，日伪军队 1 400 余人进犯栖霞，国民党军队弃城逃跑，栖霞城沦陷。为保卫栖霞城，善疃村民姜宝选踊跃参军，之后和其连长驻扎在距栖霞县城西 10 千米的初格庄村，在日军全面扫荡过程中，初格庄村被包围，年仅 16 岁的姜宝选献出了宝贵的生命，新中国成立后他的坟墓也搬至门楼烈士公墓。

不仅抗日战争，在解放战争中，狮子山区也涌现出一批批英勇身影。在经历了土改和土改复查运动后，福山县广大农民的觉悟和积极性得到空前调动和提升。广大人民群众深刻意识到，翻身不忘共产党，吃水不忘挖井人，要保住幸福生活，就要积极参军支前，反蒋保田保家乡。全县出现了父送子、妻送郎、父子同参军、兄弟同参军的动人场面。从 1945 年 10 月至 1949 年春，福山县先后发动了 5 次大规模的参军运动，全县涌现出一批“动参模范村”，有的参军青年，以区、乡、村为单位，按整连、整营的建制直接被编入人民军队的序列。

在 1946 年全面内战时期，为保卫胶东解放区，福山县响应“积极参军参战,支援前线”的号召,发动青年踊跃参军。经过组织、发动,1946 年 9 月,全县共有 1 500 名青年参军,是胶东各县中数量相对较多的县之一。狮子山区东黄山村有赵世典、赵维家等 20 名青年参军,善疃村的付德福(1929 年生)也应征参军。“当时我身边挺多人参军,我也去报名了。我没什么文化,能这样为国家效力也是好的”他动情地说道,脸上是抑制不住的自豪。

1946 年 11 月至 1947 年 3 月,福山县掀起大参军高潮。这次大参军是在国民党军队沿烟潍路由西向东推进,进而图谋占领现胶东各县,同时也是在中央军委将胶东军区主力部队组建为华野九纵的形势下发动的。为支援重新组建的胶东军区部队,胶东区党委提出了“反蒋保田保家乡”的口号。上级党委的号召,老区人民首先积极响应。1947 年 1 月 9 日,狮子山区召开动员大参军会议。在这次动员参军中,支部带动、党员带头,起到很大推动作用。据当时的统计,各区参军的党员都超过参加总数的 20%。同时,为支援前线,各地群众都争先恐后地缴纳家中质量最好的公粮,到 8 月中旬,全县有 4 000 多名青年参加解放军,其中,党员 944 名,总量在胶东兄弟县中,居于前列。同年 9 月,福山县又开展了参军突击月活动,参军人数依然可观。

一个个活跃的身影,代表着一颗颗忠心爱国的心。而一颗颗红心向着党,让狮子山上红光遍野。得到人民拥护和支持的党组织,势必是这场战争的胜者。

狮子山阻击战

1947 年 9 月,为了粉碎了国民党军对山东的重点进攻,共产党开始了异常艰难的胶东保卫战,派遣华东野战军东线兵团发动反击作战。这是扭转山东和华东战局的关键之战,也是解放战争中异常重要的战役。

胶东保卫战的重要性在于胶东解放区的重要军事和地理位置。胶东解放区是抗战时期就开始建立的老区,有良好的群众基础和革命传统,胶东十几万民兵组成的地方武装是华野主要的后备兵源。在抗战结束时,它也是中国共产党最大的解放区和唯一的省独立战略区,此外,还是华东野战军后方机关、医院、军工厂的集中地和华东总后方,负责补给各种军需器材。华东军区的党政机关和十几处军工厂、被服厂都设在胶东,也是重要的交通供应根据地。而狮子山也因其优越的地理位置成为战争必争之地。1947 年,共产党的兵工厂就曾以铁工厂的名义搬到北庙,秘密生产兵工器械。

狮子山阻击战也是胶东保卫战中不可忽视的一场战役,1947 年,胶东军区总司令许世友将军亲自指挥的狙击国民党西进、增援潍坊的阻击战在善疃打响。这是许世友第四次进胶东、指挥胶东内线部队展开胶东保卫战。许世友的内线兵团既要抵挡国民党军的进攻,又要掩护党政军后方机关、非战斗人员、家属及不能继续隐蔽的基层干部撤至未被占领的地区,还要寻机歼敌,以迟滞敌人的进攻。

1947 年 10 月 4 日,国民党军先头部队第五十四师三十六旅、第二十五师一零八旅乔装打扮行至狮子山以北的上、下许家和门楼等村,趁我方不备,与我北海二团发生小规模战斗。次日,北海二团三个营的 1 200 名战士在副团长徐官的带领下,抢先占领狮子山和塔顶山。狮子山区的民兵、善疃村的群众组成担架队往山下抢运伤员,并冒着炮火送饭、送水、送弹药到前线。黄昏时分,战斗打响,北海二团与狮子山北侧之敌展开约 1 个小时的战斗。当夜,国民党军万余兵力密集狮子山、塔顶山北侧一线。10 月 6 日早晨 6:00,他们用迫击炮、山炮、榴弹炮，以打“三角炮”的形式向我狮子山阵地猛轰 1 个多小时，我军指战员遭受了较大的伤亡。尽管这样，到中午时分，北海二团已连续打退国民党军的三次进攻，把他们一直压在山脚下。最终将敌人压下山去。10 月 6 日下午 4:00，阻击任务胜利完成。

付德福（1929 年生）当时就在北海二团，虽然没有参与战役，却亲眼见证了战争的惨烈，每每想起都忍不住摇头叹息，眼底泛着点点泪光，声音中夹杂着一丝不易察觉的心疼。

这场战役挺关键的，主要是拦截国民党军队，阻止他们继续进攻。共产党当时在战役中并不占优势，但仍旧顽强抵抗。敌军派的都是整编军是尖兵强兵，共军部队力量弱，人数也少。武器也没有，三个连一共就只有 18 管高级枪，剩下的都是手榴弹，也没有大炮。不过士兵们都不怕死，只顾拼死往前冲，用一个个人做掩护，抢下一架架大炮，真的是拿生命换来的。这场战役打了整整三天三夜啊，战士一路拼死抵抗啊，死的死，伤的伤，最终只有 100 多个人活了下来，真的是不容易。

塔顶山上，依稀可见坍塌的石头堆，见证那些烽火岁月。这些石头堆就是当地人口中的“围子”，始建于 20 世纪初八国联军侵华时期，是在山坡上用石头垒成的一种作战的辅助工具，其深度、宽度及形状随地形而定，一般以可掩护住人的整体为宜。在战斗过程中，战士隐藏于后，可以防止从对面袭击过来的子弹和炮弹，同时，围子优于战壕的方面是对近距离来袭的敌人可以推下石头攻击对方。在抗日战争和解放战争过程中，塔顶山上的围子发挥很大的作用。

在姜学明(1924 年生)的记忆中也出现过围子的身影,在狮子山阻击战中,而且正是这围子救了他们一命,而至今回忆当时的场景仍是心有余悸。

> 狮子山阻击战打响时,村里广播动员大家自愿报名去送饭。他觉得自己是壮年就报名了。当时四个人一组,他和姜汝寿、姜其轮、刘姓长工四个人一起。当时炮火连天,枪声不绝。他们冒着生命危险将饭送到狮子山,驻扎此地的战士每班派一名战士负责领饭。而当他们离开时,领饭的士兵却找不到部队了,士兵让他们留在原地等待,他去看看情况后来就再也没有回来。偷偷趴在围子底下。
>
> 当时姜学明就躲在围子后面,差一臂距离就被子弹打中了,多亏围子救了他一命。耳朵边的枪声就没有停过。就在他们要撤退时,从上面抬下来一个伤员,伤得很严重。有个护士从围子后面过来帮忙检查伤口,然后说需要立即转移,就让他们几个人把他抬走。他们冒着枪林弹雨,就这样一直护送到山下。他们当时也害怕,身边有炮弹,也有子弹,稍不小心命就没了。但是救人要紧啊,也没想这么多就把人抬下山了。最终伤员由于伤势过重,不幸在途中牺牲了。他们一直将伤员的遗体抬到西黄山,交给八路军战士,事后才知道那人是狮子山阻击战的指挥员。

刘赞香(1931 年生)是为数不多的在狮子山阻击战中抬担架的女党员。不同于姜学明的机缘巧合,她是主动请缨,“因为我时刻记着自己是共产党员,所以做什么事请都要冲在前头”。

当时她才17岁，才刚入党不久。当晚还在睡觉，就被大嫂王淑月叫醒了，说“大妹子别睡了，快点起来，狮子山咱们被打败了，赶紧去抬担架转移伤员。”她二话没说穿上衣服就去狮子山了。去了看到真的是血海，到处都是尸体，有被刺刀乱刀刺死的，也有被子弹打死的，还有被炮弹炸死的，满眼望去都是，真是太惨烈了。抬完担架，她的手臂上都还沾着血迹。

将伤员成功转移到山下后，她害怕，想回家。但是大嫂提议再回山上看看情况，她心里害怕，想着这仗已经打败了，再回去干啥？又一想，不能怕死，那些战士都不怕，大嫂也不怕死，自己也不能怕。最终她们回到山上，发现我方后援部队已来到，这才安心离开。现在想想，还是有点后怕，枪声就在耳边。连父母都不知道她们偷偷出来抬担架了，村里人也不知道。是真的危险啊，不仅是因为当时抬担架的时候要冒着大炮和子弹，更是因为这件事被国民党知道了是要吃枪子的。但是她们知道自己是党员，不能怕死，一定要冲在前面。

在狮子山阻击战过程中，不仅我方战士死伤惨重，善疃的老百姓也难逃灾难。国民党军队侵入善疃村，在村中待了一天一夜，白天让村民帮他们做擦枪挑子弹等体力活，夜间宿在村民家中，将村民家中的食物、鸡鸭等家禽洗劫一空。村民为活命纷纷跑到邻村富村躲避。提起国民党在善疃的为非作歹，姜学明一直摇头叹息。“我们回家后发现国民党来过，家里被抢被砸得不成样子，粮食和衣服都被拿走了，家里的30多只鸡也都被抢走了，真的没法看了。”

狮子山阻击战是用鲜活的生命写就的一场惨烈的战役。虽然，北海二团死伤惨重，但最终将西进之敌牢牢地钉在狮子山下，打破了国民党军的增援计划，为西线作战的胜利赢得了宝贵时间，有力地保证了潍坊战役的全面胜利，留下了一抹可歌可泣的红色印记。

在战役中涌现出的一个个英勇无畏的身影，一个个善疃村人的背影，也像一颗颗石头落在心间，叩击着人们的心灵。他们在战争面前义无反顾，在枪林弹雨中勇敢穿行，一个个血肉之躯，却努力筑成钢铁之墙。正是因为有千千万万像他们一样流血牺牲的勇士，才有了战争的胜利，而战争最后的胜利，终将属于人民。

九、匠艺双馨

《礼记·曲礼下》:“天子之六工:曰土工、金工、石工、木工、兽工、草工,典制六材。”中国自古代开始就有各种能工匠人的记载,比如,木匠、编匠等。他们用灵巧的双手与过人的智慧把制作的成品变成一件件艺术。在善疃村也有一些这样的能工巧匠和具有艺术才能的村民,为村里带来欢乐与自豪。

木匠、瓦匠与铁匠

在历史的更迭发展中,善疃村出现了包括木匠、瓦匠、铁匠在内的不少能工巧匠。至今,善疃村中的角角落落里还留存着他们技艺的痕迹,那是一个时代的回忆。

木匠是一种古老的行业。木匠们以木头为材料,他们伸展绳墨,用笔画线,后拿刨子刨平,再用量具测量,制作成各种各样的家具和工艺品。据说远古时代建造房屋,房屋建好封顶之日必须请“木工”镇邪!镇邪之时木工拿出独门工具站在屋脊之上高喊大吉大利之话,以保日后平安富贵。小到家里的床柜桌椅,大到新建房屋的门窗大梁,都离不开木匠一双灵巧的手。善疃的木匠工艺是代代相传的,一年半载学不出木匠活儿,要做三四年才能出徒。据村里老人说,在集体经济时期,村里有十五六个木匠,打家具、做屋架、支模、农业用具、纺花车等技艺样样精通。木工生产时,每一工序、每一部件,都使用专有工具,遵循一定的操作规程。《墨子·法仪篇》说:"天下从事者,不可以无法仪(度)。百工为方以矩,为圆以规,直以绳,正以悬,无巧工不巧工,皆以此五者为法。巧者能中之,不巧者虽不能中,放依以从事,犹逾已,故百工从事,皆有法度。"《荀子·儒效篇》也说:"设规矩,陈绳墨,便用,君子不如工人。木工带给善疃村民们的不仅仅是各种各样物质性的东西,也带给了他们规规矩矩、善良负责的优秀精神品质。虽然随着工业化和城镇化的发展,村里的木匠手艺渐渐远去,但是那种兢兢业业、规矩正直的木匠精神一直留存在善疃村民的心中。"

除了木匠,善疃村还活跃着一个从事砌砖、盖瓦等工作的手艺人,那就是瓦匠。他们的这些工作有着相当悠久的历史。几十年前在善疃村,无论是盖土坯房还是砖瓦房,都是请村里的瓦匠来盖,放几串鞭炮,驱除邪气,期望新居热火朝天红红火火。在热闹的隆重的鞭炮声中,瓦匠们开始和泥、堆砌、抹缝,建筑用的都是当地的木石水土,缝要抹得越平越光才越好。一般在一年之中的冬季瓦匠们会比较繁忙,建筑行业比较生意兴隆,因为迎亲嫁娶的和有余钱的人家几乎都会集中在冬季农闲的时候建新房,瓦匠的生意一直兴旺到次年春季。东家挑一个吉利的日子,然后叫瓦匠上门开工,放几声鞭炮,瓦匠们就劳动起来,东家管吃,直到做完这一家的泥水活。幸运的是,善疃村现在还有百八十个瓦匠,默默"挥动"砖瓦的画笔。

姜德伟便是村里的瓦匠,他回忆说:"23岁的时候,我加入了村里的瓦匠队,开始正式从事瓦匠这一行,一直干到28岁。在瓦匠队的时候,队里一共有十来个人,主要是在本村和邻村盖房子。平时干活的时候,一般是一家三四个人,多的话是五六个人，很辛苦，瓦匠的要求也挺高，要求相关的各种活儿都要学会。刚开始给村子里干，那时候是干大工，工分可以挣到10分。当时村子里只有这一帮瓦匠队，所有相关的活儿都是我们这帮人干，其他村子没有瓦匠队的只要有活也找我们这帮人干。”

铁匠在善疃也是一门古老的职业，他们以铁为原料，靠一把小小的铁锤打造出各式各样的生产工具和生活用品。一般铁匠都有一个自己的铁匠铺，有一座用来煅烧铁坯的火炉，在火炉的连接处有一个大的用手拉的风箱，主要用来控制火的温度和力度，称为“掌控火候”。火炉所用的燃料有木炭和煤炭，能够打铁的炭叫铁炭，100千克煤炭中只有十几千克煤可以用来打铁。老铁匠带一两个学徒，当铁料放到火炉里烧成铁毛坯的时候，他们用大铁锤，帮助师傅把铁毛坯打成所需的形状，那把铁锤比师傅的大出五六倍，到最后铁器成型阶段，师傅用小铁锤精打细琢，凝结着铁匠们心血的一件艺术品就完成了。铁匠用来打铁的工具有小铁锤、大铁锤、铁夹（用来夹烧热了的铁坯）、砧子（铁匠打铁的平台）等。

姜典新老人回忆，“当时公社有个铁匠铺叫‘红炉打铁’，就在现在祠堂广场那个地方，我被安排到那里干活，有一个四十来岁的老师傅叫刘学芳带着我打铁。刚去的时候，我负责拉风匣、打旁锤。打铁这个活只有技术过硬的师傅才能打头锤，我拉风匣、打旁锤，差不多干了三年五载吧，才慢慢地什么都会了，我就一直打头锤了。”

人们要告别冬季，迎来春耕生产的时候，家家备战春耕，免不了修理或打造新的农具。在 20 世纪 70 年代的时候，铁匠的生意还红红火火，随着农业机械化的发展，铁匠就逐渐离我们而去了。

木匠

木匠工具

柞木窑

柞树在善疃村是一种常见的树种，柞木除了叶子养蚕外，善疃村还有过开柞木窑用柞木制木炭的经历。

“村里的柞木窑是老辈人传下来的，从我记事儿起就有这个柞木窑了。”村里付德福老人回忆起柞木窑时激动地说道“窑头是很受苦的职业。柞木窑是依据山上的土层抠成的，有钱的人家花钱请人打一口窑，他就被称为窑头。”一般冬天开始烧窑，窑头买下一片柞木林，雇一些人从山上砍柞木抱下来，要是下了雪，即使穿了猪皮衣服，鞋子也会打滑，每个人还要一二百斤地往下扛，甚至被柞木的树枝划破棉衣，划伤肩膀。柞木刨的时候要留下根，明年还能继续发芽生长，老辈人的辛勤与智慧超越了我们的想象。柞木抱下山来以后窑头把柞木的枝杈修理掉，把树干截成跟窑一般高的长短，才能放进窑里。

柞木窑一般高 1.78 米，能容下一个人在里面走。在窑一侧开个小洞，称为火道，等到柞木填满窑洞后，把窑从外面埋死，然后点燃一把草，从火道放进窑里点燃柞木，烧一天一宿，柞木就按照窑头的心意变成了炭。但是这还不算完成，刚烧完的炭是烫的、红的。窑头打开堵死的洞，拿一根用钢筋做成的铁钩，从洞里把炭掏出来，然后用泥土把炭埋起来，以把木炭的火给熄灭，埋了以后再扒出来就是最后的柞木炭了。

窑洞里很热，这对窑头来说又是一大受苦之处。刚烧好的窑洞甚至把窑头棉衣里的棉花烤化了，洞里是热的，炭也是热的，他要忍受着这种火热一次一次掏木炭，其中的艰辛可想而知，虽然窑头谁都能做，可是这些苦却不是谁都能忍的。木炭做好之后就用小车推着、小毛驴驮着、人挑着到烟台去卖，100 千克柴火换 10 千克棒米。因为柞木材质坚实，纹理细密，烧出来的木炭也没有烟，所以很多人买来柞木炭放到小火盆里烤火，也用来做糕点点心，还有人把热木炭装起来当熨斗熨衣服。柞木炭大多卖到烟台，也有卖到村里的，卖回来的钱分给帮窑头干活儿的工人一部分。因为挣的钱不多，吃的苦、受的累又多，所以，柞木窑在新中国成立以后就不烧了。

据付德福老人回忆，在红树庵附近还有一个松炭窑，像柴火烧完会变成木灰，所以柞木、松木、柳木等是制木炭的不错选择，松树窑跟柞木窑差不多。不过随着岁月的流逝以及生活水平渐渐提高，这些窑都淡出了人们的生活，至今在善疃村的后山还有柞木窑的遗址，记录着善疃村民那段为了生活而不辞辛苦的历史，体现着善疃村民吃苦耐劳的优秀品格。

纸笸箩和柳编

纸笸箩是善疃村常见的一种收纳工具，用来装一些杂物。有些大的称为纸斗，甚至可以用来装一些米、面等谷物粮食。纸笸箩和纸斗都是用纸做的，村民们将一些废旧的纸箱、废纸等废旧泡成纸浆，加上糨糊，均匀抹在缸、脸盆等器皿上，以这些器皿为模型，等纸浆干了以后，把器皿拿出来，就成了纸笸箩或纸斗。善疃村妇女主任林学敏回忆道，自己小的时候，妈妈让她去街上捡鞭炮放完掉下的碎纸屑，因为纸管箩容易招虫子，但是这些鞭炮纸屑粘有火药，用这些纸做出来的纸管箩就不会招虫子了，善疃人的生活智慧尽显于此。

纸管箩的体积相对较小，有圆形、方形、八角形、葫芦形等各种形状，造型多变，通常放烟叶、工具、零食等小杂物。善疃村的家庭妇女用来盛放缝制衣物用品工具的，叫针线管箩，它主要是家庭妇女使用，里面放着针、线、顶针、剪刀、鞋底样子等缝衣用具，无盖，敞口，较浅，大约脸盆那么大，一般用脸盆做底模制作而成，体现出村民生活的情趣与智慧。而纸斗与纸管箩相比大且深，这类纸质的斗升和管箩多用于盛放杂物以及各种五谷杂粮。部分纸斗带有盖子，在善疃村，老人称之为“纸缸子”。根据村里的老人介绍，早期的“斗升”和“管箩”只有白底青花，随着后来人们对于审美的追求不断地提升，开始使用彩纸等具有装饰效果的纸张用于装饰，这样不仅满足了实用性，同时也兼具了审美性。

除了纸管箩，善疃的柳编工艺也很有特色。由于受地区影响，善疃村大多种植柳树、槐树，因此，该村的编织工艺多为柳编工艺。柳条、槐条质地较硬、韧性较好，编织出的工艺品粗犷大方，造型简朴，符合当地农民的生活需求和审美。“条”分为两种，一种是不去皮的黑条，多用于编制生产工具，如拾粪、抬土的筐等；另一种是去皮的白条，多用于编制生活用品，如装针线用的针织管箩。

善疃村的柳编工艺种类繁多，编制出的物品造型多样。主要有针线管箩、笊篱、篮类制品、盘类制品、筐类制品等。柳编品形状好看又实用，比如，圆形、正方形、三角形、椭圆形、菱形、星形等。编筐的步骤可分为：设计构思、备料选材、打底、限碗、插花条、编压口、拧沿、拧把等。编织技法常用形式美法则，比如，对比、连续、对称、均衡、重复、“压一挑一”等。必备的工具有园艺剪，“搜子”“开”镰刀头等，原料是鲜嫩、有韧性的柳条。工具齐备以及构思巧妙是善疃村柳编工艺独有的特色。孙玉珍老人是善疃村的柳编艺人之一，她年轻的时候跟丈夫一起编织各种工艺品维持家用。随着社会发展和工具的进步，这些柳编制品已渐渐退出了历史舞台。虽然孙玉珍老人的柳编技艺还在，但已有近十年没编制东西了，越来越多的柳编艺人纷纷放弃了柳编行业，改行另谋出路。

纸笸箩、草柳编这些民间技艺随着社会的变迁成为了历史，纸笸箩、纸斗、柳编制品等也成为一种记忆留在了博物馆或人们的收藏柜里。想到这里，有些遗憾，有些扼腕叹息，但更多的是一种欣慰，社会的新旧更替是不可阻挡的历史潮流，在这种更替中，我们一路前行，迎来更多的辉煌。

农民艺术团

善疃村的民间文娱活动源远流长、丰富多彩、历史悠久。这些民间娱乐活动有些是配合着节气时令，有些是满足老百姓日常的生活要求，深受广大人民群众的喜爱，并有着顽强的生命力，作为一个文化生活特别丰富的村落，自古以来便有着丰富多彩的文娱生活，有别称化妆扬琴的吕剧，有热情奔放的秧歌，还有多才多艺的农民艺术团，精彩纷呈。

吕剧是中国八大戏曲剧种之一，也是山东最具代表性的地方剧种。其最为突出的特点为：既是“戏曲”又是“曲艺”。其唱腔以板腔体为主，兼唱曲牌。曲调简单朴实、优美动听、灵活顺口、易学易唱。早在“文革”之前，善疃村就有吕剧演出。善疃村当时吕剧的伴奏乐器文场和武场兼备。文场主要乐器是坠琴、扬琴，武场伴奏乐器主要有皮鼓、板、大锣、小锣、大铙钹、堂鼓、打鼓等。善疃村民姜典新自发组织了农村俱乐部,大家平时经常组织在一起表演吕剧,自娱自乐,正月十五时还互相串村演出。

为了串村演出,1960 年曲瑞法、张京法、申友、刘元昌等共同捐幕,巨大的幕布能够盖住台子,外面是红的,第二幕是粉的,后幕是浅蓝色的,文化演出已经成为人们心目中的大事儿,村民们也为村里有这样的活动而自豪,纷纷慷慨资助村里的文艺事业。后来到了“文革”时期,村里的文娱组织在全国的统一号令下,改为毛泽东思想文艺宣传队,负责人为孙昌泰。这时的艺术团由自发组织改变为每个生产队都要出节目,节目的主题也都要以宣传毛泽东思想为主,艺术形式因此由吕剧改为现代京剧、江青主推的八块样板戏。

林学敏谈到吕剧时谦虚地说道自己也会唱两句,而唱得最好的,那便是自己的二姐了。在“文革”时期,二姐徐本芝唱《智取威虎山》的主角儿,而男主角杨子荣则由姜忠范扮演,姜忠范在很多剧中都唱主角。这时期善疃村演出过的有《红灯记》《智取威虎山》《沙家浜》等。

秧歌是中国(主要在北方地区)广泛流传的一种极具群众性和代表性的民间舞蹈的类称,不同地区有不同称谓和风格样式。善疃村的秧歌是山会的重要节目之一,也是正月十五和各种节庆日表演的形式之一。扭秧歌时人们所穿的服装色彩对比强烈,有红蓝黄绿几种颜色。大家在锣鼓的伴奏声中,边歌边舞,以此抒发愉悦的心情,表达对美好生活的憧憬。受周边县的影响,善疃在海阳、牟平、栖霞大秧歌基础上,添加了诸多具有峆岠山风格的善疃特色大秧歌,具有豪放、热烈、幽默的艺术风格，深受村民喜爱。正月间，每当秧歌锣鼓一响，男女老少便蜂拥而至，争相观看，欢乐的气氛充斥在角角落落。“没有秧歌不叫年”这句俗语充分说明了善疃大秧歌已经融入了大家的生活，走进了每个人的心里。

随着时代的发展，民间传统项目逐渐淡出善疃人的节庆生活。而新的娱乐形式如新式大鼓、腰鼓、广场舞、歌曲等开始走进每个家庭，农民艺术团的人员和场地也随着这种变化不断发生更迭。“文化大革命”以后，大家把精力更多地投入到了土地、工业建设中去，无暇顾及娱乐，所以，善疃村的艺术团体消失了很长一段时间。直到2008年，在喜欢吹拉弹唱的刘江的组织下，善疃成立了艺术团。最初艺术团只有四五个人，每当有活动，他们便拿着自己的乐器从家里出发，“赶场子”般地到各村参与戏曲演出活动。他们是完全自愿按兴趣参加的，没有报酬，演出服统一购买、自己出钱，但艺术团的成员们依然乐此不疲。一般只在春、夏、秋表演，一年能被外村邀请表演8～10次。后来，像刘江这样爱好文化活动又积极参与邻村演唱演出的文艺分子逐渐增加到二三十人，他们成为活跃在善疃村基层文艺战线上不可或缺的中坚力量。善疃村妇女主任林学敏也曾经参与其中，她回忆道，以前村里排大戏的时候，自己也上去唱。每到冬月里，宣传队就开始组织起来，到了晚上队里的人一起排练，甚至有时候觉得没练好在白天也会排练。那时候都很年轻，即使寒风刺骨也坚持排练，到了表演的日子，村里广播宣传后，村中间的大台子前，熙熙攘攘地挤满了来观看的村民，他们拿着小板凳，等着这欢乐的时刻到来。

2011年，善疃村在原有文艺队伍的基础上，成立了腰鼓队并到海阳参观学习两天，聘请有关方面的老师做指导，并用录像记录下来，回来后一点点细致学习，之后便参加镇上的演出和赛事活动。腰鼓队共

16人,四人一组不断变换队形。可惜的是,由于没有音乐配合来烘托气氛,农村妇女的腰肢和手腕比较硬,打不出灵活的感觉,艺术表现不是很美观,腰鼓队只演出了四场就停止了。虽然腰鼓队不幸夭折,但这在进一步丰富善疃群众文娱生活的道路上又迈进了一步。

2012年,农民艺术团换届,极具演唱天赋的姜国防成为艺术团的新团长。他上任以后,除了继承老团长时期的一些艺术形式外,还发展了一些新的娱乐活动,包含吕剧、京剧、民族歌曲、大秧歌、腰鼓队、广场舞、大鼓等多种艺术形式。有的自己组织在村中爱好戏曲的人家自娱自乐或者串村吹拉弹唱;有的参加福山组织的各类文娱活动,比如,福山地区每年一度的大秧歌进城和广场舞大赛,其中,广场舞大赛在15个团队中获得了第8名的不错成绩;有的参加各种比赛和电视选秀,比如,姜国防、江明荣、林爱菊、徐京礼曾多次参加过回里镇演出和比赛,均获得良好的成绩,其中,姜国防团长还参加过"我是大明星"等选秀活动并代表善疃村到烟台电视台演出。还有的参与一些会议、庆典等付费演出,比如,善疃新式大鼓。这种新式大鼓是姜国防团长在2014年组织村民到回里镇学习的,虽然只学了两个晚上,但他参考着别人的艺术形式,又结合自己的艺术安排,排练出了有善疃特色的大鼓表演。姜德堂给村里的大鼓投入了2 000元,村里有结婚的,还偶尔请大鼓队来打一套鼓,鼓队有时候七八个人,多的时候有十来个人,从早晨开始打鼓,直到结婚仪式进行完,甚至一直到进饭店。

每当进入冬季,善疃村的农民冬闲时间就多了起来。尤其在春节期间,忙碌了一年的农民都想放下锄头等农具歇一歇,享受一下新社会的美好生活,为丰富村民的农闲时光,村委会也十分支持村民的文娱活动,在村委大院盖了一座戏台,十里八乡中配备了最好的音响设备和舞台效果,供村民使用。爱好文化活动的农民可以在本村参与各种演出，近年来，善疃村“赶场子”参与各种文娱活动村级文艺爱好者总人数在逐渐增多。由于这些基层文艺人才的长期介入，使村内的艺术团队伍充实了很多的新生力量，也进一步提升了演出水平和实力。

对于文艺演出村民有很大热情，无论是演出者还是观赏者，都非常支持并积极参加文艺活动。艺术团具有很强的组织能力，也正由于艺术团的发展，使得村民有着极大的凝聚力和向心力。有次在冬天有场临时的文艺汇演，那天寒风瑟瑟但仍然也挡不住村民们的热情。虽然准备仓促，艺术团仍高质量地完成了有歌有舞，有剧有鼓，还有广场舞的大舞台。艺术团成员们穿戴整齐的服装，有序认真地表演。那自信嘹亮的歌声，婀娜多姿的舞蹈，让大戏台光芒四射。观众脸上洋溢着自豪与满足，台上、台下热热闹闹，欢乐都融为了一体，体现了美丽新农村日益增长的文化需求，也展现出了新农村的精神面貌。

吕剧

歌曲

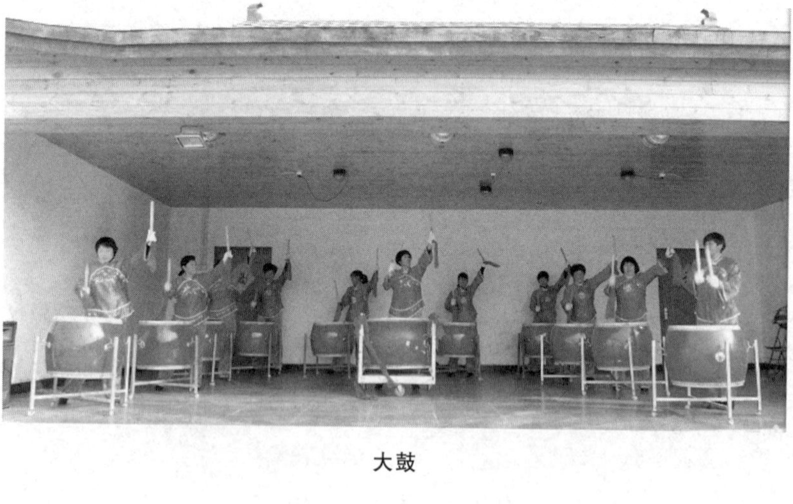

大鼓

广场舞

十、入乡随俗

《礼记·礼运》中说："夫礼之初，始诸饮食。"中国饮食讲究"礼"，这与我们的传统文化有很大关系。生老病死、送往迎来、祭神敬祖都是礼。礼指一种秩序和规范。座席的方向、箸匙的排列、上菜的次序……都体现着"礼"。我们谈"礼"，不是简单地将它看作一种礼仪，而是将它理解成一种精神，一种内在的伦理精神。这种"礼"的精神，贯穿在饮食活动过程中，饮食不仅仅是一日三餐，解渴充饥，它往往蕴含着中国人认识事物、理解事物的哲理。这种"吃"，表面上看是一种生理满足，但实际上"醉翁之意不在酒"，它借"吃"这种形式表达了一种丰富的心理内涵。吃的文化已经超越了"吃"本身，获得了更为深刻的社会意义。善疃村的餐桌文化展现了胶东地区典型的风貌。

善疃村的风俗生活不仅体现在餐桌味道里，也完美融入其岁时节令中，既有中华民族共有的传统，也具有胶东地区独有的特色。迎来送往是人生在岁月的长河中必须经历的旅程，对个人来说也是一种特别的时间场合。餐桌味道、节令活动、人生经年、民间信仰，都能体现出一个村落独有的风俗人情，让我们走进善疃村，开启一段善疃村的乡土风情之旅。

餐桌味道

民以食为天，《黄帝内经·素问》中说："五谷为养，五果为助，五畜为益，五菜为充，气味合而服之，以补精益气。”饮食是人们赖以生存的基础。不能简单视之，它实际上是人与人之间情感交流的媒介，也是一种别开生面的社交活动。胶东半岛素有“山东明珠”之称，海岸线长达2 000余千米，沿海岛屿星罗棋布，海产品极为丰富。胶东多为丘陵地貌，也有小面积的平原地带，良田沃野，气候温和，物产丰富，主产小麦、豆类和桑麻，丘陵地带盛产各种水果。在如此物产丰富的地区，福山菜作为胶东菜的一支迅速崛起，并使福山享有“烹饪之乡”之盛名。

据《福山县志》记载：胶东菜大约形成于元、明间。明末清初，胶东人外出谋生并大量进入北京，将胶东菜带入北京，并成为京都菜的主流。此后，福山厨师在国内外各处开业，使福山菜的风味传遍天下。俗谚说：“要想吃好饭，围着福山转”，“东洋的女人西洋的楼，福山的大厨压全球。”福山菜以烹制各种海鲜见长，讲究清鲜，讲究用料，刀工精细，口味清爽脆嫩，保持菜肴原料的原有汁味，长于海鲜制作，尤以烹制小海货见长。

在胶东菜中，又以福山菜别具特色而独树一帜。福山菜发展的鼎盛期在20世纪二三十年代，以原福山城内吉升馆烹制的菜肴最为有名。当时的吉升馆汇聚当地名厨，烹饪技艺有：炸、熘、炒、烧、扒、焖、烤、炝、拌、氽、烩、蒸、煎、熏、拔丝、蜜汁等手段，所创菜品以色、香、味、形并重，口味注重清淡、平和，讲究原汁原味。

坐落于在胶东半岛这片土地上，善疃的饮食风格便也极大程度上带有了胶东特色和福山风味。家常菜的味道最能反映一个地方的饮食特色，而豇豆汤无疑是善疃人餐桌上经常出现的一种家常味道。虽然说是豇豆汤，可是并不只有汤。善疃人称带汤水的面条为“汤”，顾名思义“豇豆汤”就是豇豆粉做的带汤的手擀面条。到豇豆收获的季节，把豇豆晒干，跟小麦一起放入磨粉机里磨成豇豆粉，虽然也有只磨豇豆粉再加入面粉的，但是这样磨完混出来的粉，不如混起来磨的豇豆粉做的面条好吃。把豇豆粉和好，用擀面杖擀成薄薄的大饼，然后折起来切成很宽的面条，这就是独有的善疃人家的手擀豇豆面。

豇豆在胶东是一种常见的豆类，村民除了把豇豆磨粉做面吃外，也会跟芋头片等放在一起煮汤吃，或者做成馅儿包成豇豆包，也有像豌豆一样直接煮来吃的。现在村里除了手擀面，也有机器压面。村里的高树勇压面店在附近很有名，除了本村人喜欢吃他家压制的面条，外村的人家或饭店也经常到他家订货。面条的制作样式一般是打卤面，其用料多种多样，随用料、做法不同，亦有不同风味。卤除了五花肉外，常用的蔬菜有芸豆、大白菜、茭瓜、西红柿、韭菜、木耳，外加干虾米、虾皮或蛤蜊，加鸡蛋等。面条清水煮熟过水沥干，各类蔬菜和肉食切丁，葱姜蒜爆锅后，加入煸炒至变色，加水熬煮，最后淋海鲜或鸡蛋出锅，卤浇上面条后即可食用。这种不带汤带卤的，在善疃才称为面条。可见善疃人在饮食上也很精致讲究。

即使在食物贫乏的年代，善疃人也在用自己的智慧丰盛自己的餐桌。妇女主任林学敏说："到了1960年就不吃大锅饭了，但是那个时候穷，大家都只能吃地瓜干、地瓜叶、地瓜蔓，还有山上的野菜、萝卜叶，好的人家还能吃豆面渣、玉米面。1960年的时候，地里有很多人地瓜都不要了，冬天都冻硬了，我妈就让我姐姐去山上捡地瓜，把皮剥掉，磨成粉，地瓜冻了出粉多，吃地瓜面汤，这个比野菜好吃，所以我们家在三年自然灾害的时候没有挨饿。"

不只是口味丰富又清香养胃的豇豆汤，善疃的"面鱼"也极具风味特色。因其形状，油条在善疃称为“面鱼”，将面团扯成三十厘米长，十五厘米宽的椭圆形薄饼，形状像鱼，放到油里炸，炸出来的面鱼香脆可口。而油炸糕则是用小米面或者糯米面，有些里面包有馅儿，炸出来香软酥脆。村里的姜其玉家祖传三代自己做老豆腐、油条，豆腐脑十分好吃，每当赶集的日子，他家的早点很快就会被抢购一空。而油条本身作为中国传统的早点之一，其由来却十分具有传奇色彩。《宋史》记载，宋朝时，秦桧迫害岳飞，民间通过炸制一种类似油条的面制食品（油炸桧）来表达愤怒。油条、油饼、油炸糕就着稀饭、豆浆和豆腐脑则是善疃人常见的早餐。

跟面鱼配在一起吃的还有豆腐脑，但是只有春天气候暖和的时候才有卖的，做豆腐脑剩下的豆渣可以做小豆腐，善疃人还称小豆腐为菜豆腐、豆腐渣。将豆渣和菜放在一起，有的还加入虾酱一起炒、煮，菜通常以萝卜缨、荠荠菜、茼蒿等为主，将菜切碎，加入豆面或玉米面，和水、盐及少许植物油熬制，清嫩鲜香。村内饭店也以精细小豆腐宴客，豆多用青豆，外加蛋清、虾肉丁、海参丁、肉丁等，荤素搭配。将剩下的豆渣又变成一道美味可口的佳肴，不仅体现出善疃村民们对于食物的爱惜，也体现出了村民们的智慧。

在悠长的中华文化发展中诞生了大不相同的中华八大菜系。而各地不同的饮食风俗习惯也在一定程度上反映了当地人民的文化习惯，独具风味的善疃餐桌味道，做法考究，讲求原汁原味，也反映出善疃人民勤劳朴实，踏实善良的淳朴民风以及给人们所带来的审美愉悦和精神享受，这些都反映了饮食活动过程中饮食品质、审美体验、情感活动、社会功能等所包含的独特文化意蕴，也反映了饮食文化与中华优秀传统文化的密切联系。

大枣饽饽

人情红白

人生一世，碧落黄泉，几十载悠悠时光，说是短暂，却也能从生的希望到去得安详，整个过程，将其经历一一体会。从嘤嘤孩提，到耄耋老年，人生的每个阶段过程都充满了神圣与光辉，清杨静亭有首词写道："最怕人情红白事，知单一到便为难。"中国人自古重视红白喜事，而在经历这些红白事的过程之中，丰富而多样的仪式更为其增添了一份隆重与神秘。

百岁是善疃人出生要进行的一个重要仪式。而孩子的出生也是一个家族循环新的开始，家家户户都希望生子添孙，儿孙满堂，这样家里的香火才旺，也不愧对于祖先。在善疃，婴儿出生，俗称"添喜拾孩子""添孩子"。亲朋好友闻讯，都登门致贺，贺礼多为鸡蛋，回礼也多为染红的鸡蛋。孩子满月的时候是一个吉礼，按照风俗要宴请亲朋好友，宴会饮食一般按照婚礼的饮食安排。婴儿出生第 99 天时，要"过百岁"，古称"百遂"，取长命百岁之意。这一天，要做一种名叫"长岁"的面食。用发好的面做成长条形，中间粗，两头细，再进行蒸制像纺棉时的线穗，其谐音为"岁"，再装饰上红点，或彩绘各种花样，表达出希望孩子能够长命百岁的美好祝愿。

如果说"百岁"是他们一生的开始，那么婚礼则是一生中极为重要的仪式与过程。而整个婚礼仪式的过程也是极为繁复。从饮食到礼仪，从装饰到习俗，不一而足，却也精彩万分。

在不同时代，善疃人的婚礼也有诸多变化。过去的结婚过程清简，也带上了那个时代的独有特色。善疃村人林学敏(1954 年生)回忆起自己结婚那天，是 1977 年阴历十二月十六，因为男方是本村的，离得很近，她的两个哥哥就领着去了男方家，吃过午饭，哥哥回家，这就算结婚了。林学敏跟丈夫是通过媒人介绍认识的，都是一个村子的，认识了接近四年，到了结婚年龄就准备结婚了。在结婚之前，女方到男方家去看婆婆，觉得差不多就把婚事定下来。林学敏回忆说，自己的嫂子带着自己去的，当时婆婆家给了自己一套衣服、鞋袜，外加 80 元，过几天自己的丈夫来自己家，娘家给了他 20 元，这就相当于订婚了。之后两家就有往来，正月、六月都会相互探视，这时是男方先到女方家去。结婚的时候，男方给了女方 200 元，林学敏没有用这些钱买衣服，而是买了台缝纫机，新媳妇儿的心灵手巧与精打细算尽显于此。林学敏说男方家结婚时请了三桌客，他舅舅给了 8 元，姐姐给了 10 元，这在当时可是不少的数目。女方在婆家住一晚或者两晚要回一趟娘家，这叫回门，林学敏记得自己是在第三天回的娘家，要伺候自己家的客人，姑姑还送了块布做被面。那时候结婚虽然简简单单，平平淡淡，却也是人生中一件大事，没有锣鼓鞭炮的喧闹却总会洋溢着喜悦，就是回忆起来也会觉得那时生活的美好。虽说平淡简约，但过程中充斥着浓浓的人情与平凡的喜悦。

而到了如今，善疃村的婚礼就比较现代化了，林学敏说，2001 年，女儿结婚时跟自己那时候可不一样了。录像记录下结婚的过程和仪式，鞭炮声响烘托出热闹气氛，结婚的彩礼就一万多元，两家在一块摆喜宴，热热闹闹。

> 70 多岁的老人姜典新回忆道："我在 1968 年，22 岁结的婚。当时我们结婚和后来我儿子结婚时的情况差距很大。媒人介绍，双方见面定下来以后，女方的哥哥用自行车把人带过来的。当时我结婚就是家里比较近的亲戚在一起吃顿

饭就行了,也没多少人。不像到了儿子结婚的时候,得有十来桌,亲戚、邻里乡亲都在一块吃饭。我们那时候东西也非常简单,也没什么聘礼,就做几个桌子、柜子之类的。”90岁老人付德福回忆说:“我是出去打工之前结的婚,那年我19岁,那时候不像现在,要这么复杂。我们那时候就媒人给介绍了,然后双方看一下,也不用送什么东西,就一点肉啊,什么的就行了。结婚当天,就扎个轿子,然后把人给领回来就算完事了。有钱的家里,可能还雇一些人吹吹打打的,去抬轿子,比现在要简单得多”。

但无论是曾经那些纯挚朴实的婚礼过程,还是如今现代精彩的婚礼仪式都在彰显着不同时代的特色,而不管时代如何,蕴藏于婚礼仪式之中的祝福与愉悦的情感并不随时代变化而增减半分。

不仅是婚礼的仪式非常精彩,婚礼过程中也充满了很多极具民俗特色的元素,从婚礼的装饰到婚宴的菜品,都体现出浓厚的中国传统特色与胶东部落的文化风格。其中,十分独特的风俗之一便是传统婚礼习俗中的民间美术内容,比如,窗花剪纸、婚庆花馍、婚床等。在胶东地区乃至山东省内,传统婚礼习俗中对新人结婚以后,求子的表达尤为多。善疃的婚礼剪纸内容大多为双喜字样,衬托婚礼的喜庆气氛,也有内容为“胖娃娃”以及相关求子的内容,多为表达求子的意图。善疃村的结婚仪式中会使用的花馍。通常,女方嫁妆中有一红色箱子,里面装有四个花馍和姐姐的礼金,四个花馍上的面花纹饰由四种不同花朵构成,代表姐姐对妹妹的美好祝愿。同时还包含一个大的花馍,花馍以龙与凤作为主题形象,四周由喜字构成,并衬有各种花色纹饰,均用面捏造而成,装饰有各种颜色,寓意龙凤呈祥。新人婚床上摆放的“大枣”“花生”“桂圆”“栗子”，寓意早生贵子，还用大枣摆放“好”，形似“女”“子”，寓意生一女一男孩，龙凤胎。

婚宴是整个婚礼过程的关键所在。民间早就有“无宴不成婚、无酒不嫁女”的说法。善疃人将一些名字好听、色香味俱全的菜肴搬上婚宴，使得婚宴锦上添花、更添一丝美好的寓意。随着生活水平的逐渐提高，善疃婚庆饮食逐渐由“416”变成“428”到现在的“12 红”。“4”代表着四个小凉菜，会根据不同时令进行调整，“1”和“2”是汤菜，必上的汤是全家福，里面虾仁、贝丁、肚、鸡蛋糕、鹌鹑蛋、黑木耳应有尽有；另外一个汤是水果汤。“6”和“8”代表着炒菜，婚礼上的炒菜有讲究，必须要有鸡、鱼、四喜丸子，鸡可以做扣鸡、烧鸡、扒鸡、烤鸡等，鸡与吉同音，象征着婚礼吉祥如意。鱼的选择面就更广了，可以是海水鱼，也可以是淡水鱼，鱼象征着富贵有余，让这个小家庭的日子越过越好。四喜丸子更有它的美意：一喜，头榜题名；二喜，成家完婚；三喜，做了乘龙快婿；四喜，合家团圆。另外，现在婚礼常见菜则是三大件：海参、大虾和鲍鱼。其余的菜品则可以根据情况自己搭配。善疃人的婚宴主要以肉食、海鲜为主，鲜有青菜。婚宴过程中的不同菜品，也反映出村里人的美好祝愿与希冀，传达出对新人的美好祝福与愿景。

人生经年，由生至死，不过短短几十载，而葬礼便成了逝者在这世上的最后一抹印记，也是生者对其的最后挽留。自古以来，人们都十分重视葬礼，老百姓对此称为“喜丧”，也就是我们说的“白喜事”。

传统社会的人们便比较重视丧礼，尤其是家庭条件好的地主、财主等，在家中亲属去世后都会举行隆重的丧礼。在 20 世纪 30 年代，善疃村地主姜其利的父亲出大殡时，请了道士、和尚共八名，吹唢呐、笙和管子并念经为逝者超度，使逝者的灵魂不堕落地狱、畜生、饿鬼，或者超生到天上。葬礼声势浩大，并由出身为秀才、懂丧礼的殡先生主丧礼。出殡的棺木加棺木罩共十多斤重，有一百多人出殡。丧礼上，儿孙披麻戴孝，表达对去世人的哀悼。过去，儿孙穿戴的孝服有很多讲究。比如，孝帽上用麻绳系起来，穿大孝袍，腰里捆白腰带。孝服送完殡后就脱下来，在烧九、烧七时再穿。

烧七是民间丧葬不可或缺的一部分，善疃烧七的习俗有以下讲究。从老人死亡之日算起，每七天做一个祭奠的日期，称作“烧七”。第一个七天叫“头七”，第二个七天叫“二七”，依此类推，直到七七四十九天的最后一天称为“尽七”。在烧七期间，如果遇到阴历为七的日子，称为碰七，民间传说不能碰七，就得在前一天烧纸，然后接着往后数七天。烧七时，孝子们要到墓前焚烧冥纸冥钱，恸哭一场，现在也烧纸马、牛、鸡、纸手机等纸元宝和纸扎品，以示哀悼。

在烧七时，烧的纸扎是一种在祭祀时焚烧的纸工艺品，象征去世的人在阴间也可享用这些东西。在丧礼中，人们为死者准备了很多生活用品来祭奠，比如，金山、银山、房屋、童男童女、纸马、纸车等。大地主姜其利的父亲出大殡时，就请人扎了许多纸扎，有纸屋（南屋、北屋、两个厢屋）、纸狗、鸡、鸭子、牛、马等。在坟地烧，祈望死者如生前一样生活的衣食无忧，以表示对逝者的哀思。善疃村里的安绍芬老人就会做纸扎纸马。她说当时疃专门做纸扎的特别少，而且经济收入也算可观，于是就自学做纸扎，以高粱秆、芦苇秆、麻皮、绫帛纸张，纸浆、糨糊等为材料，扎纸马为主。男性死亡倒头时用要马，纸马的颜色也有讲究，还要根据死者家属的要求来定。金马是男人官衔大小和财富多少的象征，白马是用来驮老人上西天的。

随着丧葬习俗的改变，纸扎纸马越来越少，传统的手作方式也受到了严重的冲击，取而代之的是现代模制纸人纸马，或者用鲜花来寄予哀思。随着当下建设新农村面貌的推进，村民对于陈旧丧葬习俗的观念有所改变，外加政府部门出于森林火灾和环境污染的考虑，对燃烧纸扎品进行干预，纸扎品开始逐渐淡出日常丧葬习俗。

在丧礼上，善疃人也有其相应的饮食习俗。比如，菜单必须是单数，按照人数的多寡，9 个或者 11 个菜为一桌。逝者已去，悲痛之情难掩，菜品也要带上祭奠的色彩，鱼菜和鸡菜就不可以出现，必须要有的是炖大菜和大馒头，其余冷热荤素自行搭配。善疃村还讲究人不能死在炕上。若死炕上，请道士、和尚来“过梁”，用红布从梁上拉过去，让魂安心走。老人一咽气就拿纸扎的马在门外烧，寓意让去世的人骑马走，儿孙辈的穿孝服守夜。以前爹妈死了要在坟地搭个棚子，守 100 天陵。现在这些习俗已随社会的发展而消失。

到了现在，善疃村的丧礼都比较简单，政府不允许烧纸元宝、纸扎等纸制品。出殡一般都是上午吃过早饭就开始，早上、下午出殡都可以。现在骨灰盒存放在公墓里，坟墓顶上放水泥板，老两口埋时，男左女右合葬，彼此留出空位。虽然时代在变，丧葬的风俗习惯在改变，但是人们对于去世的亲人的感情没有变，随着时代的变化，人们对去世的亲人表达思念的感情的方式也变得现代化了，而我们要做的正是用现代文明的方式展现传统的优秀文化内涵。

婚庆花馍

节庆礼俗

“爆竹声中一岁除，春风送暖入屠苏。”春节对于每一个中国人来说，无疑是最重要的节日。在旧时，“腊八”（农历腊月初八日）一过，家家户户即开始筹备过春节，过了腊八就意味着春节快要到了，接下来的日子都为过年做好准备。腊八至除夕夜便是春节的准备阶段，腊月二十三称为“辞灶”，俗称“过小年”，新年是“大年”，意味着新的一年将要来临。以前，善疃村民在这天晚饭后，用年糕、糖果等供奉灶神。供奉年糕意为粘住灶王爷的嘴，让他上天后不能多说话，糖果意为使他嘴甜，多说好话。供奉时烧纸焚香祭祀，取下灶神像烧掉，谓之送灶王爷上天，然后贴上新灶神像。现在一般家庭多包饺子以示过节。腊月二十三以后，人们将室内室外彻底打扫一遍，称为“扫灰”。然后，开始蒸饽饽，做年糕、炸丸子、做“太阳饼”和“圣虫”等面食。善疃村的大枣饽饽，用上好的面粉做成，大小不一，大的有十多斤重，小的有一二两重。大枣饽饽在蒸熟以后顶部能裂成四五瓣，村民称之为“笑了”，寓意吉祥，皆大欢喜。大枣饽饽用于祭祀以后，即作为礼品互相馈赠，剩余的作为主食，自家食用。到了腊月二十八、二十九，贴“门对子”，即春联，贴年画。

腊月三十，即除夕，家家户户设供桌祭祀先祖，挂家谱，包水饺，“栽谷”，在院内放木桩，撒谷草，意为给回家过年的祖宗拴马、喂马。中午设家宴，吃米饭，晚饭家家户户包水饺，这天必须要吃饺子，没吃到饺子，就是没过得去“年”。夜晚“守岁”不睡觉。大年三十炖大白菜是一定要吃的，这里面有讲究，吃炖大白菜不能全吃完，必须留一些等到过完年再吃，这就叫隔年财。当钟声敲到 12 下，善疃村家家户户餐桌上就摆上了自家蒸的团圆桃、莲子、枣饽饽等面食，期盼来年团圆、富裕和丰收，还有芋头等杂粮，有6~8个菜，以庆祝新的一年的到来。团圆桃是一定要咬一口的，象征的新的一年家人团团圆圆，芋头也得吃一点，象征着新年有个“好遇头。”即使当年穷的时候人们买不起鱼，也会用木头做一个木鱼放在盘子里，做好汤汁浇上，就是一道菜肴了，意味着年年有余。但是桌上的宾客都心领神会，不会去动这道菜。所有的这些都寄托着善疃村民对新的一年的美好的憧憬。

到了初一凌晨，人人穿上新衣，摆上供品，点烛烧香焚纸，放鞭炮，“接神”，同家族的叔弟相约一起到本族及邻居家走亲戚、拜年。拜完年后就去祠堂祭拜祖先。据姜其甲老人回忆，他45岁时还去祠堂祭拜过祖先，先磕头，然后再放鞭炮。即使是新的一年也不忘记先人，虽然祠堂或已失去往日的模样，但尊敬祖先的这份美好心意源远流长地传了下来。初一早饭吃腊月三十包的隔年水饺，部分水饺里会包有硬币、枣、鱼、豆腐、花生仁、糖块等，吃到这些的人象征着在新的一年里吉利、如意。到了大年初二，要到姥姥家拜年，晚上“送神”出门。初三，到岳父家拜年。此后数日，亲朋互拜，一般中午皆设宴款待。旧时，农村有“耍正月，闹二月，哩哩啦啦到三月”的说法。新中国成立后，过春节仍沿旧习，但封建迷信礼俗基本废除。

以前村里没有电视，逢年过节，村里会组织一些娱乐活动或者去镇里赶赶大集，去邻村互相串串门。赶大集、年夜饭、春联、年画、剪窗花、街头耍会、塔台唱戏、灯会、游艺等活动，人人都是参与者，同时人人也是观赏者，展现出善疃村民们在过春节这段时期丰富多彩的生活。

善疃作为胶东地区的一个村落，“礼”文化浓厚，特别重视对去世先人的祭祀，除了春节之外，在善疃，还有三大重要的祭祀节日，那便是清明节、十月初一、中元节。清明节是中国传统节日，也是最重要的祭祀节日之一，是祭祖和扫墓的日子。善疃村民非常重视清明节，大家会在清明这天到先人的坟上压白纸，意味着天暖和了，给祖先换上单衣。十月初一，指农历十月的第一天，又称“十月朝”“祭祖节”，这一天祭奠先亡之人，谓之送寒衣，又称为寒衣节。在善疃村，村民们也非常重视这个节日，一般称十月初一为月日，村民在这天去给祖先祭扫坟墓，把清明节压的白纸换成黄纸，每三张为一摞，意味着天冷了，给祖先加厚衣服，换上棉衣好过冬。在清明节和十月初一，这两天供奉的供品有水饺、肠、水果等，但是因为桃子辟邪驱鬼，所以，水果不能用桃子。

清明节和十月初一村民们去先人的坟墓祭拜，而在中元节时，善疃村民们就可以在家里祭拜。中元节，俗称“鬼节”，是我国的民间传统节日，时间在农历七月十五日。中元节原是小秋，有若干农作物成熟，民间按例要祭祀祖先，用新米等供奉，向祖先报告秋成。因此，每到中元节，家家祭祀祖先，供奉时行礼如仪。传说中元节当天阴曹地府将放出全部鬼魂，民间普遍进行祭祀鬼魂的活动。在中元节这天，善疃村民到坟地或村外路旁烧纸祭亡灵，称为“放鬼魂”。到了傍晚，在家里挂上族谱，在族谱前摆上桌子，放上饺子、水果如葡萄、梨、苹果等供品，朝向族谱磕三个头。在这些传统的祭祀的日子里，善疃村民们怀着敬畏的心情祭奠着自己的祖先，并且一直这么传承着。

除了上面的节日之外，与许多我国传统农村地区一样，善疃村在很多传统习俗节日时也非常重视。庆祝过程与风俗礼仪既有共性，也自有其个性，反映出我国农村传统民俗习惯的多样与精彩。农历正月十五为元宵节，亦称上元节，俗称“过十五”，因其节日的主要活动是供灯、玩灯，也叫“灯节”。善疃村旧时，在正月十二三，家家户户就用萝卜、胡萝卜、大白菜根茎，或豆面做成许多小油灯，到正月十五的傍晚送到去世亲人的坟前以及祠堂、庙宇，点燃，称为“送灯”，意味着去哪儿都有亮，“亮”音同“粮”，即让所有人无论在哪都有粮食吃。据林学敏回忆，在她小的时候，豆面灯还会带回家，把面蒸一下吃掉。入夜，户户烧香焚纸点灯，在各房间、院内各角落、门两侧、马厩、猪圈、厕所、锅底洞等地方都点上油灯。现在，“送灯”习俗仍存，萝卜灯等都用小电灯代替，村民一般在自家大门的照壁上挂上灯，灯上一般会写上吉祥话或画吉祥图案。此日，早饭吃糕、元宵，晚饭吃水饺。

农历二月初二，俗称“龙抬头”日。旧时，此日清晨，家家户户皆用草木灰在自己大门前、庭院中以灶灰画仓形，祈求当年粮食丰收，名为“打灰囤”。撒完灰囤后，要在中心放上各种谷物，祈愿保佑粮食大丰收。人们多在此日剃头，称为“剃龙头”。现在，“打灰囤”的习俗已不存在，年龄大的人还会坚持“剃龙头”，一般年轻人不再讲究，村民会在二月二这天包饺子以示过节。

“六月六，蒸兔糕”或是蒸个小蛤蟆，一方面，因为以前物资贫乏，为了哄小孩子们开心；另一方面，可能兔子和蛤蟆也都开始活跃起来了，保佑能有个好收成。农历七月七，相传为牛郎织女相会之日，俗称“七月七，牛郎会织女”。民间称织女为“巧姐姐”。旧时，善疃村家家户户做“巧果”，用带有各种花果鸟兽图案，俗称“巧果磕子”的模具，把混合好的面粉、糖和鸡蛋制作成“巧果”，然后烙熟，供在庭院里，向织女乞巧，故此节俗称“乞巧节”。现在，“乞巧”活动渐废，但烙制“巧果”的习俗仍存。“八月十五月儿明，家家户户吃月饼。”现在一家人会在晚上吃完饭围坐在桌旁，切上一盘月饼，冲上一壶好茶，来享受美好的生活。到了冬至，俗称“过冬”，民间有“冬大似年”之说。一般村民中午吃包子，晚饭吃水饺。

“冬至的饺子，夏至的面”“头伏饽饽，二伏面，三伏烙饼炒鸡蛋”，体现了人们根据岁时节令的变化以及人体的需要，在饮食方面过的精致的生活，也体现出善疃村民们对生活的热爱。在年年岁岁的节日传承与庆祝中，世世代代的善疃人过着这样安宁而又翔实、欢快的生活，在一个个节令中不断奏响对美好生活的激扬高歌。

十一、善缘再续

善疃因“善”得名，以“善”为发端。在这一方山清水秀的土地之上，善缘文化于此生根，孕育着一代代善疃人，也衍生出一个又一个美丽的传说。历史在前行，时代在变化，而最初那份植根于善疃和善疃人心中的“善缘”之精魂一如往昔，甚至历久弥新。众人合力修建姜氏宗祠，为善疃后代存留一份“根”的回忆；退休干部吕景伦扎根于此，开垦荒山，换一片鸟语花香新天地；乡贤代表姜学忠回归家乡，推动善疃融合发展更进一步……是善疃用一方水土成就了善疃人，是善疃人怀揣反哺之情延续了这份善缘。

修复祠堂

祠堂是族人祭祀祖先或先贤的场所。在中国古代儒家伦理中，家族观念相当深刻，往往一个村落就生活着一个姓的一个家族，或者几个家族，多建立自己的家庙祭祀祖先。祠堂对一个家族的重要性不言而喻。善疃姜氏宗祠如今焕然一新坐落于村中央，祠堂的重新修复也为姜氏家族和整个善疃都增添了新的活力和凝聚力。修复姜氏宗祠是姜氏家族一直以来的憧憬，但修复祠堂的整个过程却是一波三折，而正是在不断解决这些问题的过程中，使得此次祠堂的修复愈发令人珍惜和重视，给姜氏家族留下了绚丽的一笔。

在2012年，有很多人提出复建祠堂一事，但修复祠堂需要大量资金支持，因苦于没有资金来源，所以每次商讨都不了了之。直到2016年农历正月，在村书记刘文峰组织的村内有影响力人物的聚会上，姜德伟再次提出此事，并承诺出资，并推荐姜其甲牵头操办。但姜其甲感觉责任重大，没有当场答应，后姜德伟等人又多次回村做姜其甲工作。正月底，姜德伟、姜学玉、姜国玺等20余人再次在村委开会，共同商议祠堂复建及修家谱一事。大家一致推举姜其甲担任祠堂修复负责人，姜其甲同意，并将修复工作做大体如下分工：姜国刚和姜典志负责修复工作的土建工程，姜其甲负责宗谱的编写，姜茂海和姜典新负责收集各家小家谱信息并整理抄写，其他事宜由各支各自负责。至此，姜氏宗祠的修复工程才正式地拉开了序幕。

为更好处理祠堂复建后的相关事宜，2016年9月25日或26日在村委召开了姜氏12个人的会议，成立祠堂修缮委员会，委员会由姜德伟、姜茂海、姜国刚、姜其甲、姜国昌、姜典新、姜宝伦、姜国波和姜国涛等9人组成，其中一分支代表人是姜其甲、姜茂海，二分支代表人姜国昌、姜典新，三分支代表人姜宝轮、姜典志，外加出资人姜德伟和监理姜国玺。大家投票选出主任和副主任，姜德伟任名誉主任，姜国玺任名誉副主任。目前村里的宗谱修复委员会和祠堂修复委员会基本一致，祠堂修复委员会负责管理祠堂修缮的各种事宜，会计负责保管。

在祠堂修复工程开始之后，仍然面临着许多亟待解决的问题。解决了资金问题之后，由于祠堂在前期毁损比较严重，接着迎面而来的问题便是祠堂的原貌恢复问题，原貌的恢复问题让修缮委员会的几位老人非常头疼。

一方面只能根据老人所讲的信息进行恢复，现年94岁的姜学明老人因年龄高以及对祠堂的记忆比较深刻，还无私捐出他在“文革”期间偷偷保存起来至今50年的姜氏宗祠12幅字画，因而在参与祠堂恢复原貌的工作中发挥了很大的作用；另一方面，为复建祠堂一事，老书记姜其甲多次往返福山与善疃之间并外出考察，参观了福山铁口村祠堂、烟台最完整的村落黄务傅家，在参观过由专业团队修建的铁口祠堂后，复建组的人认为，自己的祠堂修建得更好；村里的工匠没有干过有关祠堂方面的建筑，祠堂修缮委员会聘请手艺好的工匠，包括木匠、瓦匠、画匠等，结合村中有名望的老人姜学明的回忆和帮助，在老书记姜国刚的带领下努力恢复原样。几个负责人不断地通过参照别的祠堂的样子，加上自己的联想进行设计，出资人姜德伟和村支书刘文峰时常关注工程规划和进展情况，虽然村书记刘文峰不姓姜，但对此事也非常重视。

对祠堂原貌恢复的重视，充分体现了姜氏家族对历史的传承和尊重，不仅在原貌恢复上非常关注，竭尽全力，在祠堂修建过程中也体现得淋漓尽致，从建筑的选材上就可见一斑。就在祠堂修建工程中，工匠们将传统建筑方法和现代建筑方法相结合，在选材方面尽量用旧材料，更能代表祠堂历史的悠久。比如，祠堂房顶的青瓦沿袭古辈用豆浆浸泡的方法，这样会更加坚固与耐用。修复用的旧砖有一部分是从莱山采购的，有一部分是刘文峰书记家收藏的旧砖。

祠堂里的老砖石用土进行黏合的，在进行重新地建造时，需要将砖清理干净，否则水泥不粘。拆旧的老砖时，首先，选择大小形状差不多的，其次，选择稍大一点的新砖，用切割锯进行切割。盖房子时采用水泥加炭黑组合，这种组合是以前盖老房子时使用的，其中，炭黑烟台只幸福一家售卖。祠堂正房在拆的时候只保留木头梁和东西两面山墙。祠堂是先上梁后上墙，最后，再上屋顶和瓦，仍然采用之前的木头梁。飞房上脊老辈就有了，小兽是潍坊的厂家推荐的。窗户则采用桐油加清漆。

中国之所以被称为礼仪之邦，是因为古人无论干什么事情都要讲究礼仪，建房作为生产生活的一件大事，自始至终都伴随着各种各样的礼仪。建房礼仪实际上是一种求吉礼仪，人们举行这些礼仪的目的是祈求房屋永固、富贵长久。按照民间建房的程序，建房礼仪大致上可分为选址、立中柱、上梁、立门、竣工等几项，其中，上梁仪式被人们视为建房过程中最重要的礼仪。古代建筑房屋时，在上梁以前，要举行一种诵唱“上梁文”的仪式，以祈求根基牢固，诵祝房舍平安长久。在科技发达的今天，已经很少有人盖木房子了，但象征性的上梁仪式仍在不少地区沿袭传承，尽管各地的习俗有所不同，但上梁仪式都十分隆重，当房子盖到最后一层封顶时，人们也要挑选吉日庆祝一番。

而修建祠堂是一个神圣的工作，上梁自然也是要非常重视的。上梁作为建房最主要的一环，主要是指安装建筑物屋顶最高一根中梁的过程。梁是建筑中架在立柱上面的横跨构件，承受着上部构件与屋面的所有重量，是上架木构件中最重要的部分。中国传统建筑中的梁可分为三架梁、五架梁、七架梁、九架梁、单步梁、双步梁、骑门梁、月梁、抱头梁、太平梁等几十种，其中，最常见的是五架梁、七架梁和九架梁。“中梁”除了建筑结构实用上的重要位置外，同时，更有其无形的宗教层面的意义。在上梁典礼中借助梁的作用，来连接庙宇建构本身、天地、神灵与宗教人之间的关系。民间认为，上梁是否顺利，不仅关系到房屋的结构是否牢固，还关系到居住者今后是否兴旺发达。过去农村有句俗语：“房顶有梁，家中有粮，房顶无梁，六畜不旺。”可见，梁在老百姓心目中的重要性，所以，每逢上梁都要举行隆重的仪式。通书上说：“上梁有如人之加冠。”

整个祠堂的修复工程涉及各方面，繁复也因此使得资金问题显得非常重要。因而，在祠堂修缮提议会上，姜德伟曾表示他提供祠堂的修建费用，他曾经说过“修建祠堂的钱不用愁”，第一次捐了2万元，第二次捐了10万元，第三次捐了10万元，第四次捐了15万元，目前，共计捐赠37万元。另外善疃村民俗文化资源保护和开发项目提供30万元，据目前工程进度估计，费用还有缺口，村委会积极协调各方力量，努力筹备。

在祠堂修建的过程中，位于追远堂西侧的善疃老年活动中心从2016年9月也开始动工，一个月时间主体工程基本完工。在2016年10月9日，阴历重阳节这天上梁，举行了隆重的上梁仪式。这天一大早，相关人员和村民早早来到姜氏宗祠外的广场上，开始上梁准备工作。早上8:30基本工作已准备就绪，村长等村委等候在一旁观礼，中国农业大学的一行师生也前来祝贺并送上花篮。只见尚在修建中的老年活动中心的拔地而起，大气从容，它比民房略高，梁顶的基本骨架已经建好，主要由梁托、梁挂、斜称、八字木、大仁等几部分构成，在梁挂上面贴着“上梁大吉”“上仁大吉”的横幅，正房的大仁中间挂着的铜钱迎着朝阳闪着光芒，格外亮眼，在两边房屋的大仁上分别贴着“福人住福地，福地住福人”和“上梁欣逢皇道日，上仁巧遇紫微星”两副对联，甚是醒目。

上午8:58，上梁庆典正式开始，工作人员给围观的众人分发糖果以示祝贺，工匠代表姜典志站在老年活动中心梁顶宣布上梁仪式开始，并朗读上梁吉词和颂词，声音洪亮、振奋人心。颂词宣读结束，工作人员燃放鞭炮和烟花，鞭炮齐放、震耳欲聋，烟花直冲碧蓝的天空，红色的、紫色的、黄色的，绚丽多彩，霎时美丽！随着一阵欢呼，站在梁顶的姜典志将五颜六色的糖果抛洒下来，地面上的人们开心地簇拥着、争抢着，一派吉祥欢乐的景象。整个仪式庄重而严肃，进行有序，给参与人员带来了难得的体验。仪式结束之后，村长等人热情地为农大师生讲述了关于善疃村及祠堂的一些历史和荣誉，激起了大家进一步探索和交流的浓厚兴趣。

老年活动中心上梁意味着善疃村姜氏宗祠修复工作大工程的完成，修复姜氏宗祠是善疃姜姓几代人的梦想，也是全村的大事。老年活动中心上梁顺利完成，将该村现代文化拉到论祖叙宗的高度，必将作为一件影响村文明发展的大事载入善疃村史册、影响后人。

祠堂修复一事不仅在姜氏内部，而且在全村反响都很大，村民认为这是村里的亮点，具有纪念意义和传统意义。90%以上姜氏村民同意进行祠堂的修复，其他姓氏村民也同意，都想将老祖宗的东西传下去，认为再不进行恢复工作就失传了。姜氏宗祠的重新修复是善疃村传承经典、铭记历史的一段重要历程。

姜氏宗祠旧貌

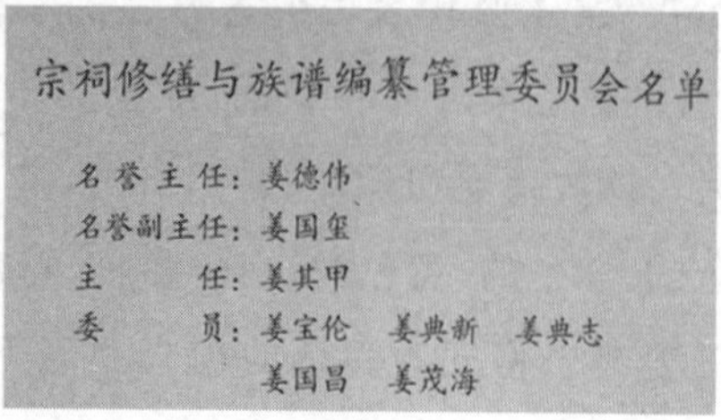
宗祠修缮与族谱编纂管理委员会名单

名誉主任：姜德伟

名誉副主任：姜国玺

主　　任：姜其甲

委　　员：姜宝伦　姜典新　姜典志

姜国昌　姜茂海

宗祠修缮与族谱编纂管委会成员及名单

宗祠修缮小组成员名单

投资人：姜德伟
组　长：姜其甲
策　划：姜国玺
监　理：姜学玉
施　工：姜国刚　姜典志

宗祠修缮小组成员及名单

开垦荒山

坐落于善疃北面山上的鸿景山庄是善疃一道独特的风景线。在21世纪之初2000年左右，时年55岁的退休干部吕景伦（1944年生）带着一腔热情和坚定的信念来到了善疃。如今17年过去了，曾经的荒野漫漫到如今的枣林成片，生命的奇迹在此诞生，同时也见证这位退休干部坚持开发荒山造福一方的理想在此绽放。

1944年出生在潍坊昌乐，19岁时便在荣成入伍。当战士时便十分突出，一度成为全军的典型，“到了70年代，当时我才25岁就当连长了。因为当时在“文革”时期，知识分子都被打成了‘臭老九’，于是全军找大老粗，没上学的人，我就这么被选上了。那时候我是全军最年轻的一个小连长，我虽然没上过学，但我搞训练搞得比较好，也爱讲会讲，我被他们叫‘狠连长，报道宣传的铁连长，全军的硬骨头连长’。那时候我们连队，也是全军的硬骨头连，立‘集体二等功’，当时电台、报纸、广播都报道。”1978年以后，在部队的安排下，他先后去过农场、养过虾，从团长到师长，从统领几百人到统领九万人，始终坚持不忘初心，争取先进，永葆本色。

如今的鸿景山庄是一座以种植冬枣为主的休闲山庄。今年 73 岁的吕景伦是这所山庄的主人，更是看着它从无到有，逐渐生长壮大的见证人。退休后的吕景伦一直想要发挥余热，机缘巧合，2000 年，吕景伦偶然从报纸上看到一则关于善疃村土地转让的广告。他骑着摩托车来到了善疃见到了时任善疃村书记的姜国刚书记，在与他交谈的过程中，吕景伦一方面觉得姜书记人非常可靠，另一方面在逐渐的交谈过程中，他也渐渐加深了承包荒地开发荒山的想法。当年的秋后就跟村签了合同，先后两次承包荒地，第一次，承包了 150 亩山峦地撂荒地，第二次承包的就是山背，前前后后总共有 2 000 多亩。

考虑到烟台是果木之乡，各种水果都非常闻名，吕景伦抱着“他们没有的我干，他们有的我就不干”的想法，选择在荒山种枣，但是荒山开发本身就非常困难。从 1984 年开始就有人在做荒山开发，那时候虽然一亩地非常廉价，但是因为投资太大，周期太长，成功的仍然很少，吕景伦说“荒山开发十个有九个残废，还有一个在挣扎。我一直在挣扎，我背后是共产党给我的工资在支撑着，可能得一辈子，但是当时我就是想搞清楚荒山开发的资源在哪里，于是就这样坚持了下来。”

不仅仅是荒山开发本身面临着周期长、投资大等风险和困难，来到善疃承包荒山之后，吕景伦也面临着很多现实的问题和考验。吕景伦刚到善疃时，山下只有一条土路，没有公路，交通非常不方便，不仅如此，在开荒的前 6 年整个山上没有电。“我当时开发荒山非常困难，没有电，也没有房子，就从老家雇用了十七八个男性青年壮劳力，晚上我们就在山上点蜡烛，拉几个军用帐篷。一到晚上，我们也没啥娱乐活动，就在帐篷里一个一个地讲故事。那时候村里也有在这干活的，我就把手机电池让人拿回去给我充电。”虽然各种条件都比较艰苦，但吕景伦还是这样坚持了下来,就为了在荒山开发中蹚出一条路。他始终坚持,也始终相信终有一天,会将满目荒山变得绿意盎然。

一直在这样艰苦的条件下坚持了6年。到了第6年,吕景伦想筹集一些资金拉上电,筹集资金的过程再三波折,幸运的是在老母亲的点拨下得到了贵人相助渡过了难关。在荒山开发的前6年只有微薄收益,吕景伦首先想到的便是出让几块土地回笼一些资金,但是资金仍然不够,他在烟台没有房子便不能贷款。在此两难之际,进退之间,吕景伦苦苦坚持。这个时候他的儿子女儿们都很支持他,"你常教育我们,对自己选定的目标轻易不能放手,我们相信老爸还能给他们做出榜样。钱不用愁,借期到了的就由我们出面求叔叔伯伯把借期延长,并把借条换成我们的名字。老爸实在干不动了,我们兄妹接着干。"不仅是子女的全力支持,他的战友们听说他急需用钱,也都送来钱帮他渡难关。后来他找到一个地方领导,那是他在农场干的时候认识的老朋友,一听说他面临困难了,就跟他说:"你是军中的一面旗,也是他们地方百姓的榜样,你有心劲儿,干事靠谱。别人的忙我不敢帮,你的忙我敢帮。我给你撮合撮合,用分期分批还款的方式贷点款,先把电拉上。"

在亲朋的支持鼓励下,各种客观上条件的匮乏逐渐得到解决,但仍有一个大问题横在吕景伦眼前。烟台很少种枣,他的枣种上6年没有结果,当时为了不结果这件事情,吕景伦几乎跑遍了山南海北,四处找人解决问题。"山农大,北农大,从山西到河南,凡是种枣的地方我都去了,我就希望知名果盘里能摆上我们烟台产的枣,只要实现了,我就完成退休的任务了。"苦心人天不负,这个时候也是母亲带来的福气吧,吕景伦回老家给母亲过96岁寿辰,她舍不得儿子走。正巧吕景伦听说村里有个老农民懂得种枣,便去找老师请教请教,讲了自己的情况。老师听完后说试一试，于是老师兄弟俩（诸城的赵培堂，赵力识）正月初八打出租车到了狮子山，看了狮子山的情况后，被吕景伦开发荒山的决心所感动，担保让几千棵冬枣丰收，最终善疃枣树种植终获成功。这座荒山能发展，几万棵果木林变成一处鸟语花香的庄园，依靠的不仅仅是吕景伦始终坚持不放弃，更还有四面八方的贵人不惜援手。他说，“他和家人会记住他们，这座大山会记住他们，这大山里所有的生灵会记住他们。”

时光荏苒，18载岁月已悄然流过，展现在善疃人眼前的是曾经的满山荒野变化为如今的生机勃勃与枣林成片。吕景伦也在这退休后的18年岁月里实现了曾经立志开发荒山的理想与愿望。“我总结荒山开发的路子，从战略上来讲就是小田园，大市场，3万~5万元可以起步，十万元、八万元成势头；战略方针‘品种引进短平快，项目安排名特优，产品投放市场稀缺贵’；战术动作六链条，苗种有来源，技术有依托，产品有市场，管理有队伍，资金有保障，班子要精干。”吕景伦也为自己精彩而丰富的一生进行了“生长在昌乐，起步在荣成，振兴在文登，奋战鲁东，安家烟台，安全着陆，另起一行，老有所乐，乐在哪里？应在为中。”的总结。

十八载悠悠岁月，本应是退休后颐养天年的休闲时光，他却行走在千亩荒山之上，为实现荒山资源开发而四处奔波。天终不负苦心之人，将眼前变成了绿意盎然的生机一片，善疃也因此更添一抹绿色、一分活泼，而愈加生动地矗立于胶东半岛之上。

乡贤回归

莫言在《生死疲劳》里有“一切来自土地的终将回归土地”，我们却更愿意相信“乡村的土地养育着在此生长的儿女们，而依靠这土地长成的儿女们也主动选择回归乡村与土地，回馈曾经给予自己一切的土地。”城市化的快速推进造就乡村无数寂寥，而众多乡贤回归为乡村带来诸多活力与生机。善疃村人姜学忠便是回归乡贤的典型代表。

姜学忠（1963 年生）出生于善疃村，排行老九，上面有八个姐姐，是个地地道道的农村娃。幼时家贫，为改善生活，18 岁便开始四处贩卖蔬菜，单枪匹马动身去文登贩卖蔬菜做生意，赚取了人生的第一桶金。

赚取人生的第一桶金之后，又开始走南闯北贩卖水果，一直认为做生意要讲诚信，坚持“诚信为本”姜学忠说：“有次做生意赔了，欠下不少钱，债主都怕我们会卷钱跑路，我当时想就是砸锅卖铁也要还人家钱，于是把所有的苹果抛售完，所得收入全部归还债主，不让人家蒙受损失。我当时在武汉干得不错，就有一些老乡过来投奔我合伙做生意。虽然我没什么大本事，也尽力去扶持他们。有一次，老乡拉来两车皮的水果，我一看这情势，怕是要砸在手里了，便让他们当晚尽快抛售出去，不管一元还是五角，越快越好。他们却并不领情，依旧把货屯在手里等着明日正常出售。我该做的都做了，也算仁至义尽了，剩下的事情我也无可奈何了。结果第二天恰逢暴雨，水果全部腐烂，无法出售，他们赔了整整 5 000 元。做生意不总是一帆风顺的，有赔有赚是正常。但我始终坚持诚信经营，这样才能树立好口碑。”最终他凭借自己的聪明与诚信经营取得了初步成功；之后开始经商、做建筑，在经受了诸多挫折、欺骗之后，仍旧坚持做了下来，并最终闯出了自己的一片天地。在积累一定的资金后，于 1998 年，回到善疃村承包荒山，改造荒山，建立义凯庄园。

1998 年，在各方力量推动下，姜学忠决心投身农业，回到生他养他的土地上，干些真正能造福百姓的事情。做出这个决定着实不易，这对姜学忠来说是相对陌生的领域，前方困难重重，而家人反对的声音也时时在耳边响起。但他的归乡之心和敏锐的市场洞察能力促使他当即拍板决定要承包 1 500 亩荒山，并规划主要发展果品行业。“当时庄园前期投入数目就很大。单单是修路、接电、通水这三项工程，就花费 100 多万元。”最初庄园的定位是私人会所，主要为亲戚朋友提供些果蔬，因此，前期他多种植酿酒葡萄，栽种绿化树苗。而因为果品口感上乘，庄园就开始主攻高水准的水果供给。庄园内主要果品也逐渐以苹果、桃子和梨为主。

姜学忠始终坚持做水果“品质至上”的原则，虽然这为他带来了诸多的困难挑战，却也因此而大获成功。最初，庄园坚持品质至上，生产健康无害的水果，因此在品相上并不过分在意，但这样的水果并不受市场欢迎。因为不施化肥和农药，庄园的水果个头都偏小，皮糙肉厚，卖相很不好。备受打击的他于 2002 年前往美国、加拿大、意大利等国家进行考察，学习相关技术；后又于 2007 年先后去往北上广这些城市“取经”。他冷却的信心一点点被点燃，同行的话语也坚定了他最初的信念。“切勿心急，放慢脚步慢慢干，总有一天，市场会承认，品质优于卖相。而绿色无公害产品也是未来时代的主流。”最终，他的水果在市场上打出了品牌。他的水果不仅获得了市场的认可，也真正给当地人民带来福祉。庄园吸纳村内 200 多人就业，让村民收入步步高升，生活品质节节攀升。

义凯庄园而今以“忆香蜜”桃而闻名遐迩。桃子个头硕大饱满，晶莹圆润，芳香四溢，口感香甜，回味生甘，着实是佳品。事实上，“忆香蜜”桃子的种植来自一个偶然的机会，却也反映出姜学忠认真自信，坚持执着的决心与品质。

姜学忠不仅始终坚持产品品质至上，他还极具品牌意识，知道自家产品好只是重要前提，能成功打开市场才是关键。他坚持打造高端高品质的蜜桃品牌，在市场低迷之际，宁愿将千斤桃子扔掉也不愿意自降身价出售。而今他也在积极争取地标产品保护和绿色生产基地的申请。

他也积极做好宣传推广工作，推动首届“全国桃业发展论坛”的举办。论坛由农业部中国农业技术推广协会、中国食品报和烟台福山区政府共同主办，邀请来自全国农业及相关领域的专家、行业精英及新闻记者等80余人参加论坛。在这次论坛上，组委会授予了义凯庄园生产基地“全国桃业特别推荐品牌”，《中国食品报》还授予了该基地“全国优质食品共建基地”荣誉称号。

即使面对巨大的市场需求和利益诱惑，姜学忠也始终坚持品质至上，坚持不使用农药化肥的原则。因此，义凯庄园的土地是为数不多的未被污染过的土壤。“水果分3个档次，最低档的吃两口便乏味，弃之；中档的食之无味；而高档的水果不仅让人食之期待新鲜，更让人回味无穷。”

面对时代浮沉，他选择低调做自己的义凯庄园的庄主。展望苹果小镇的未来，他不敢深谈，但是他语气坚定，承诺自己会作为一个带头人，真正地为回里镇做自己的贡献。“高调做事，低调做人，不忘初心，方得始终”，姜学忠用实际行动将这朴实无华的16个字谱写出了丰富深远的人生篇章。

口述个人史

姜学忠

访谈时间:2017 年 11 月 1 日

访谈地址:烟台福山区回里镇善疃村北义凯庄园

采 录 人:张雯雯

人物小传:姜学忠,男,1963 年出生于善疃村,幼时家贫,为改善生活,18 岁开始贩卖蔬菜,赚取人生的第一桶金,之后开始经商,做建筑等生意。1998 年,回到善疃村承包荒山,改造荒山,建立义凯庄园至今。

秋色渐浓,义凯庄园显得格外的静谧,黄土的厚重沉稳和果树的热闹红艳相互交织,绘成一幅极美的秋色山景图,庄主姜学忠意气风发,凭栏远眺着这一拳一脚打下来的一方果园,往昔那些曾奋斗过的点点滴滴,一一涌上心头……

一、日夜兼程贩蔬菜

我 1963 年出生于善疃村,排行老九,上面有八个姐姐,是个地地道道的农村娃。我出生时,父亲 55 岁已经年过半百,母亲 49 岁也是近不惑之人,我们家孩子多,劳力少,日子过得很是艰难,是村里的困难户。我是家里的老小,也是家里唯一的男孩。父母晚年得子,我肩负了父母对未来的诸多期望。在一般的家庭，老小且唯一的男孩在幼时会得到父母的倍加疼爱甚至溺爱，但当时我家里非常贫穷，我没有得到任何额外的待遇，和其他姐姐一样磕磕绊绊地长大。

因为家里穷，我打小便吃了不少苦。那个时候，无论是比我大的小孩还是比我小的小孩，都没有比我更遭罪的。有一年冬天大雪纷飞，天寒地冻，我怕地瓜烂在地里坏了少了收成，便冒着风雪扛着锄头去地里刨地抢收，双手冻得通红发僵也不在意。大雪纷飞，漫山遍野中只有我自己在忙活着，抬头看看，除了雪，就是山，自己觉得非常瘆得慌。我吃过的苦不计其数。还有一次，家里穷得只剩了七块钱，连父母吃药的钱都不够。我当时心里只有一个念头，只靠这片土地没法改变我们家贫穷的状态，走出去，只有走出去才有出路。不争馒头争口气，有朝一日我一定要闯出些名堂。

19 岁正当青年，我开始单枪匹马动身去文登贩卖蔬菜做生意，赚取了人生的第一桶金。当年我是贩蔬菜的人中最年轻的，这点儿我挺骄傲的。贩卖蔬菜是个耗工夫和精力的活儿，从善疃到文登，距离不近，但当时除了自行车没有其他交通工具，我每天都要在天色未明之前去到市场上，直到天黑才能回到家里。天气渐渐变冷，我舍不得买御寒的东西，给我印象最深的是，半夜回家或清早出门天寒地冷实在坚持不了，就推着自行车跑步取暖，跑一会儿暖和了再骑，冷了再跑，有时候跑得出汗里面的秋衣都湿透了，骑一会儿，又凉了，冰凉冰凉地贴在身上，非常不舒服。有一年，天特别冷，我叔叔看我天天骑自行车贩蔬菜太冷了，借给我 20 元钱让我去买了个大衣，那时候觉得特别贵，格外珍惜，舍不得穿，除非天太冷穿一穿，一般都绑在自行车后座上。当时为了攒钱，我对自己格外狠，日子过得十分清贫。在市场上 5 角钱一顿的热乎的饭菜我都舍不得吃，每次都是一直饿到回家，煮碗最简单的面条来充饥。这样的经历让我深深体会到什么叫不吃苦中苦，难为人上人。我贩蔬菜挣到的第一笔钱是70元，当时觉得这是老大的一笔钱了，比种地要赚得多，就坚持贩了两年，赚了一些钱。

二、走南闯北卖水果

赚到人生的第一桶金后，我把目光投向水果市场并大展拳脚。我有自己的一套生意经，不仅要靠聪明才智把生意做大，更要靠诚信经营把生意做好做强。

当时我看到南方的东西可以运到北方市场来卖，就想着也可以把北方的水果带去南方。于是便义无反顾地投身水果市场，从福山到武汉、福建、广州，我一步一个脚印地探索，把烟台的苹果带到了我走过的这一个个城市。

南下前，我给自己定下目标，一年之内成为“万元户”。在当时，“万元户”还是个稀有品种。为了实现这个目标，我也没少吃苦。

蛮干硬干是不行的，必须要讲方法策略，做个内行人，搞清楚行业的门道。我发现原来收购苹果时都是稀里糊涂，就开始花工夫细细琢磨市场定价的规律，反复比较何时收购和贩卖能获取最大利益。如此下来，我的生意做得风生水起，顺利坐上武汉水果贩卖市场的第二把交椅。

我一直说做生意要讲诚信，坚持“诚信为本”。有次做生意赔了，欠下不少钱，债主都怕我们会卷钱跑路，我当时想就是砸锅卖铁也要还人家钱，于是把所有的苹果抛售完，所得收入全部归还债主不让人家蒙受损失。

我当时在武汉干得不错，就有一些老乡过来投奔我合伙做生意。虽然我没什么大本事，也尽力去扶持他们。有一次，老乡拉来两车皮的水果，我一看这情势，怕是要砸在手里了，便让他们当晚尽快抛售出去，不管一元还是五角，越快越好。他们却并不领情，依旧把货屯在手里等着明日正常出售。我该做的都做了，也算仁至义尽了，剩下的事情我也无可奈何了。结果第二天恰逢暴雨，水果全部腐烂，无法出售，他们赔了整整 5 000 元。

做生意不总是一帆风顺的，有赔有赚是正常的。但我始终坚持诚信经营，这样才能树立好口碑。

三、东山再起做工程

在水果市场干了几年之后，我开始接触建筑工程行业。1991 年，我正式入行。因为我脑袋灵活，为人忠厚，做事沉稳，不到一年时间便被破格提升为经理。3 年的时间，我在行业慢慢摸清门道，最终决定在 1994 年自己单干，也是行业中的佼佼者。

当时我生意做得红火，也引来旁人的嫉妒。和我搭伙的老板因为眼红我生意好，赚钱多，没有提前说一声就单方面终止了合同。一夜之间，我就欠下了 32 万 7 千多元的债务。在那个年代，这还是一个天文数字。

虽然我当时压力很大，但始终没有被困难打倒，决心东山再起，一切从零开始。1995 年，我开始走当年的老路。当时是真没钱，穷得连一辆最简单的小推车都买不起，但我仍一步步把生意做大。机缘巧合，我接手了东口的两个楼房工程。虽然当时缺钱，我却依然坚持质量至上，投入精工细料。因为我坚信，唯有质量上的精益求精，才有以后的发展机会。

就这样，我在建筑行业开拓出一片自己的新天地。

四、乡贤回归建庄园

1998 年，在各方力量推动下，我决定回到善疃村，承包了 1 500 亩荒山，并规划主要发展果品行业。

其实我做出这个决定着实不易。当时我家人都十分反对，不懂我为什么这么坚持。另外，农业方面我没经验，怕干不好。但我还是拍板决定要干，要在善疃村建个庄园。

当时庄园前期投入数目就很大。单单是修路、接电、通水这三项工程，就花费了 100 多万元。最初庄园的定位是私人会所，主要为亲戚朋友提供些果蔬，因此前期我种了很多酿酒葡萄和绿化树苗。

最初，我坚持种植品质至上，生产健康无害的水果，因此在品相上并不过分在意。但这样的水果并不受市场欢迎。因为不施以化肥和农药，庄园的水果个头都偏小，皮糙肉厚，卖相很不好。我当时备受打击，就决定在 2002 年前往美国、加拿大、意大利等国家进行考察，学习相关技术。后来在 2007 年，我又先后去往北上广这些城市“取经”。

当时因为市场的不认可，我都已经决定要放弃这个庄园了，但和同行的谈话却让我坚持下来。他们说你是要生产好看还是好吃的水果，我说当然是好吃的。他们接着说那你就不要心急，要放慢脚步慢慢干，总有一天，市场会承认，品质优于卖相。而绿色无公害产品也是未来时代的主流。

我觉得他们说得很有道理，于是我就还坚持不施化肥和农药，也慢慢改善技术，最终，我的水果在市场上打出了品牌。

庄园建起来了，村里的老百姓也受益了。有 200 多人都在我的庄园里干活，我给他们开的工资也不低，大家伙儿的收入也是年年提升，都挺高兴的。

五、义凯庄园显身手

义凯庄园是我一手建立起来的，花了不少心血。我们生产的“忆香蜜”桃如今也是名声飞扬海外。桃子个头硕大饱满，晶莹圆润，芳香四溢，口感香甜，回味生甘。

其实，“忆香蜜”桃子的种植来自一个偶然的机会。之前庄园的桃子都是在大棚中种植的，刚好有次工人清理杂草，发现了一棵山桃树，上面结满了果子。我们品尝之后，发现山桃的口感不错，因此，就与大棚中的桃子进行了嫁接。这就是最早的“忆香蜜”桃子。

和苹果相比，桃子的消费人群更有限，有潜力发展为高档产品。因此我当即决定大力发展蜜桃产业。最开始，桃树结出来的果子个头很小，两三年之后个头逐渐大了起来，但是常有落果的现象。

种树就像养孩子，你对它不闻不问，它也不会给予你相应的回报。我这人比较较真，不弄清楚落果的原因就不甘心，于是我就每天蹲在树下观察，有时一蹲就是 2～3 个小时，3～4 年之后才慢慢弄清楚了是修剪不当的缘故。我也愿意花时间一点点摸索桃子的最佳采摘时间，储存温度，果品甜度，努力把一切做到最佳。因此，后来“忆香蜜”桃子的产量和质量都得到保证，价格也从最初的 2 元攀升至 28 元。

我们庄园的蜜桃是真好吃，但这还不够，还要打出知名度，成功打开市场。我们庄园的“忆香蜜”桃走的是高端高品质的路线，因此有次在市场不景气的情况下，我宁愿将千斤桃子扔掉也不愿意自降身价出售。品牌保护很重要，所以现在我也在积极争取地标产品保护和绿色生产基地的申请，争取把“忆香蜜”桃推广到全国各地。

水果分三个档次，第一档，吃两口便乏味，扔掉不吃了；第二档，吃起来没感觉，勉强能吃完；而第三档，水果不仅吃起来口感好，更让人回味无穷，吃了一个，想吃第二个。义凯庄园的水果就是属于第三档的。

我也知道做好宣传推广工作的重要性。在福山区举办的首届“全国桃业发展论坛”就有我的参与，当然也有农业部中国农业技术推广协会、中国食品报和烟台福山区政府助力。举办这个论坛是真辛苦，劳心劳力，整天忙到没空吃饭，联系相关领域的专家和领导，邀请同行相互学习分享经验，最终有专家、行业精英及新闻记者等80余人参加论坛。论坛的最终效果也不错，组委会授予了我们义凯庄园生产基地“全国桃业特别推荐品牌”，《中国食品报》还授予了基地“全国优质食品共建基地”荣誉称号。庄园的“忆香蜜”桃子也借此论坛再次打响了知名度。

当今时代太浮躁了，但我们庄园还是坚持“诚信”和“品质”至上，坚持不使用农药化肥，因此义凯庄园的土地是为数不多的未被污染过的土壤。这点我很骄傲。

现在福山区政府在规划建设苹果小镇，助力当地农业发展。这是政府在市场机遇下的一次勇敢的探索，对市县乡村的影响是巨大的，甚至会影响农业走向问题。我虽然不能帮上什么忙，也会作为蜜桃产业的带头人，真正地为回里镇做自己的贡献。

吕景伦

访谈时间：2017年11月22日

访谈地址：福山区善疃村鸿景山庄

采 录 人：王婷

人物小传：吕景伦，男，1944年生，潍坊昌乐人。19岁入伍，25岁升任连长，直至师级，从军35载。2000年退伍后安家在烟台福山区善疃村，立志开发荒山资源，引进沾化冬枣树苗育林贩果，后成立鸿景庄

园，坐落于善疃狮子山头。

一、军队生涯 35 载

1944 年，我出生在潍坊昌乐。我在 19 岁，也就是 1964 年的时候在荣成入伍。从当战士的时候我就是全军的典型，政治形式风雨突变，能保持住就是好样的，我不仅没翻船，还始终保持着。到了 70 年代，当时我才 25 岁就当连长了。因为当时在“文革”时期，知识分子都被打成了“臭老九”，于是全军找大老粗，没上学的人，我就这么被选上了。那时候我是全军最年轻的一个小连长，我虽然没上过学，但我搞训练搞得比较好，也爱讲会讲，我被他们叫“狠连长，报道宣传的铁连长，全军的硬骨头连长”。那时候我们连队，也是全军的硬骨头连，立“集体二等功”，当时电台、报纸、广播都报道。我这连长一当当了十年，后来我按道理说回来该提团长了，可是我没有文凭啊，就没提成。

到了 1978 年，那时候农场是个副团级单位，我那时候正好也不好安排，就把我安排到文登的农场去了，也算变相地对我有个交代。农场很偏，在沿海海边，万亩农场。到农场之后种水稻，但这一年以来根本就没怎么下雨，水稻不是旱稻啊，第一年就赔了一塌糊涂，赔了 8 万多元，可是我这个人不服输，赔得越多，我干劲儿越大。搞农业生产，必须得是天勤地勤民勤财勤人勤，这五勤，你掌握住了以后才能搞好，天勤地勤，那时候没水种不了水稻我就种甜菜。不过这个行业也不是说你吆喝吆喝就解决问题。所以从 1981 年开始，我就开始学习，重新塑造我自己，把搞军事的一套用在这里，到处都是我的课堂，看报纸听电视，到处跑找人，总结就是“四处奔跑八方求人，勤劳动问专家，高等学府大专院校农家院落都是我学习的课堂”。后来 18 年的时间，从团长到师长，从统领几百人到统领九万人，都是我在这一段学习的结果。

“不忘初心，争取先进”，用在我身上，就是不忘初心，永葆本色。

到了1988年左右，农场500来人，每个战士能纯挣14 700元，战士个个都是万元户。大家就想着给人民做好事，去学校里、公社里、养老院里帮忙，也参与公共事业建设，这样人民才拥护你啊，到了抢收的时候，从十几岁的娃娃到七八十岁老太太都来帮着。

后来改革开放政策大变，加上我又好研究，我说养虾，他们其他单位说，你要是养虾我倒着走，没想到最后我真的养成了，最后原济南军区都在传“老吕现在养出虾三年了，年年丰收，一个战士创造30多万元利润”。

后来我养虾养得好好的，又碰上了1989年学潮动乱，全军找不到联系群众的好干部了，到处调查，一下子又发现我这个人了，一下子又成了典型，把我派到了原济南军区，那儿138万亩土地，14个生产队，在那又干了六年。

二、开荒不易归田园

烟台成立了个企业管理局，是个副师级单位，他们就说你回去吧我觉得可以就回来了，回烟台以后我就在这里安了房子。那时我55岁，退休有点早，但我也愿意退。部队上的车走高速公路把我们放下，停下以后感觉很失落，我就想着再干点儿什么。但什么事情都不可能那么顺利我下来以后想着干还是不干，干点什么，怎么个干法，考虑了一年多，最后觉得在岗在位要拿着身体拼事业，退休后还是找点事情养身体。当时我有两个选择，一是当时两家报社来找我，让我当记者站站长，我觉得舞文弄墨不是我的强项，特别是为了弄些广告去要钱啊不好意思，但是不要钱又没收入。我就说你们另请高人，我不去，我可以帮忙。第二个就是这家叫我去听传销，那家叫我去弄报告，都看着我是个财富，让我去给他们赚钱，我说这不是我干的事。

我觉得还是得找点事来养身体，我就去参加了烟台市第二届、第三届农产品博览会，认识很多农业方面的人。当时莱阳的人就发展梨，我就去了东山坡，我去了沾化几趟把冬枣引进来，刚一弄好，记者就跟着上来了，当时就宣传“沾化冬枣烟台安家”，这是在芝罘的南上坊村，这是第一站。

2000 年，一个偶然的机会，我从报纸上看到一个善疃村的一块地的转让活动，是张裕酒厂的一个合同工，我打听到这个人，骑着摩托车过来看了看，当时见了村里的姜国刚书记，第一眼看见他我就觉得这个人不错，形象很好，可交。谈了很久，秋后就跟村签了合同，第一次，承包了 150 亩山峦地撂荒地，村里人包要 2 万～3 万元，我却要 12 万元，我说你们村如果有争的，先给他，我不要。第二次，承包的就是山背，多少亩没有数，从地图上看，流水的地方都是我的，有 2 000 多亩。我来了就种上枣了，烟台是果木之乡，他们没有的我干，他们有的我就不干了，当时就这样的决心。我的收入标准就是能发工资，我就完成任务。

到了善疃，包了那片荒山之后，就开始开发。当时开荒用的都是我老家的人，战友和孩子，有 17～18 个，常年住在这里。荒山开发从 1984 年就开始了，那时候一亩地非常廉价，但是干成功的很少，荒山开发十个有九个残废，还有一个在挣扎。我在挣扎，背后也必须要挣钱支撑，我的支撑是共产党给我的工资，一般人不行，得一辈子，因为投资太大，周期太长，但是我当时就是想搞清楚荒山开发的资源在哪里。

三、四面八方贵人助

当时开发荒山的时候非常难。只有一条土路，没有公路，没有电。

开荒前六年都没有电，我当时就点蜡烛，那时候有村民在我这里干活，我就把手机电池让人拿回去给我充电。刚来的时候也没有房子，我拉了几个军用帐篷，住在帐篷里面，晚上住在帐篷里面没有娱乐活动，都无聊，就一个个讲故事，都是男的。我战友说，你干这些事，有四眼、白眼、红眼、斜眼、二愣眼，红眼看了有干劲，斜眼看了心不慌，顶住这些你才能干。

到了第六年，我觉得不行了，必须要拉电了，我就让出两块地去，想回笼一些资金，到这年秋天我就走了，筹备一些资金。我不在烟台筹资，在烟台他们笑话我。于是我想到了贷款，但是这时候属于无产阶级，没有房子，不能贷款，那就只能苦苦坚持着了。当时想得很好，荒山如果开发成功，前六年也有收益，但是很少，第八年才开始回收，没办法就把地卖了。这个时候除了我老伴极力劝我收手以外，我的儿子、女儿们都还是很支持我，说“你常教育我们，对自己选定的目标轻易不能放手，我们相信老爸还能给我们做出榜样。钱不用愁，借期到了的由我们出面求叔叔伯伯把借期延长，并把借条换成我们的名字。老爸实在干不动了，我们兄妹接着干。”孩子们还把婚后攒的准备买房的钱送过来了，我的战友们听说我急需用钱，也都送来钱帮我渡难关。后来我找到一个地方领导，他是我在农场干的时候认识的老朋友，他一听说我面临困难了，跟我说：“你是军中的一面旗，也是我们地方百姓的榜样，你有心劲儿，干事靠谱。别人的忙我不敢帮，你的忙我敢帮。我带你撮合撮合，用分期分批还款的方式贷点款，先把电拉上。”没过多长时间，就有电了，现在我手里也有儿女战友支持的钱了，心里一下子又有劲儿了。

四、贵人相助终结果

我当时退休的宣言就是探讨开发的荒山的资源在哪里，酸枣可以嫁接枣，杜梨树可以嫁接梨树，这是资源，需要改造利用，我就是来找这个资源；烟台很少种枣，冬枣号称贡枣，我的枣种上六年不结果，所以亏了，如果结果，我就不亏了。当时为了不结果这个事，从山西到河南，凡是种枣的地方我都去了，也去山东农大、中国农大参观了，就希望知名果盘里摆上我们烟台产的枣，我实现了，就完成我的任务了。

这个时候也是老母亲带来的福气吧，我娘 96 岁了，一定得回家，她过生日，我回家，她不让我走，他们说村里有个老农民搞枣不错，我就去找他，和他把情况一说，他说试试。他们兄弟两正月初八打出租车过来的，被我一番说辞很感动，看了看狮子山的情况，打包票让几千棵冬枣丰收，结果真的一下子就成功了，他们兄弟俩个就是诸城的赵培堂，赵力识。这座荒山能发，几万棵果木变成一处鸟语花香的庄园，全凭贵人不惜援手。我和家人会记住他们，这座大山会记住他们，这大山里所有的生灵会记住他们。

我现在就是追求果子要健康，市民摆上冬枣，市民吃上安全的食品，如果我自己都不吃，怎么让别人吃。现在我这里全都用村子里的人，因为生产安全有保障。用外地的人，包括我老家的，我怕送不回去，现在正常的是二十几个人，一共一年接近 40 万元工资，在我这里，不是养老院胜似养老院，不是福利厂胜似福利厂。

总结走出荒山开发的路，从战略上讲，就是小田园，大市场，3 万～5 万元可以起步。8 万～10 万元成势头。战略方针就是：品种引进短平快，项目安排名特优，产品投放市场稀缺贵。战术动作 6 个链条:苗种有来源,技术有依托,产品有市场,管理有队伍,资金有保障,班子要精干。

我的经历很简单,一生无为,我对自己这一生的总结就是生长在昌乐,起步在荣成,振兴在文登,奋战鲁东,安家烟台,安全着陆,另起一行,老有所乐,乐在其中。

刘赞香

访谈时间:2017 年 11 月 10 日,12 月 6 日

访谈地址:烟台福山区回里镇善疃村 614 号

采 录 人:张雯雯

人物小传:刘赞香,女,1931 年农历三月初六生。在狮子山阻击战中抬担架转移伤员,1947 年正式加入中国共产党。先后在村里担任过青妇小队队长、生产队 8 队队长、妇女主任,同时也是村里的赤脚医生。2016 年腿摔伤,现在瘫痪在床。

一、共产党记心间

我是 1931 年三月初六生的。我们家人口不少,兄弟姐妹一共六个。说起来,我们家也是革命家庭,我父亲刘元吉当时是善疃村的村长,也是地下党员,大哥刘义芳、大嫂王淑月和二哥刘水芳和也都是党员。我大哥还是村里发展的第一个党员。现在单我家 47 口人就有七八个党员,我儿子、女婿、孙子、孙女都积极入党。

我是 1945 年春天报名入党的,是我大嫂发展的我。她当时和我说“大妹子,咱家是革命家庭,思想要进步,要积极入党。”就这样鼓动我入党了。两年的预备期,到了 1947 年 1 月,我就是正式党员了。

我父亲是村长,家里经常住着地下党员,也是整天担惊受怕。当时后院住着我们自家人,前院就住着地下党,方便他们逃跑。前院通着前门，穿过一条大胡同往南走就是我们刘家的大坟茔地。有一次在我们家住了三位地下党员，刚好当时村里的青妇小队组织大伙儿在村口站岗放哨轮到我，我就挎着筐子假装去挖野菜，把手榴弹偷偷藏到了地边的水沟旁。刚好那天我在南大道上看到日本鬼子过来，他们穿着黄衣服带筒帽的，排了挺长的队，一看就不是咱们的人。我马上反应过来，连忙掏出手榴弹，一拉线就跑了，直到跑到村里的砖窑洞后面才敢喘一口气，就怕被抓住。

当时我三哥当时在家，听到手榴弹响了就知道情况不好，连忙从后院跑到前院来通知地下党，并给他们指好路，让他们顺着胡同跑到刘家茔去。地下党就连忙逃走，却把每个人佩戴的一颗手榴弹落在了我们家炕洞里。我三哥就急忙扒灰盖住这些手榴弹。前院正对着大门，刚好日本人找上门，看到我哥鬼鬼祟祟的，就问他在这儿忙活什么，是不是地下党。我哥就称呼他们老总儿，说自己不是地下党，在这儿淘点灰准备上山围树。可是手榴弹还没盖好，鬼子一低头发现了，一脚就把我哥踢出去了，一直骨碌到院子里。他们把我哥绑起来带走了，说他是地下党，对他又打又骂，还要把他枪毙了。后来多亏了村里的两位老人出来证明，说我三哥不是什么共产党，是村长刘元吉的三儿子。那日本人就威胁这两位老人说，过几天还要来，要是找不到那些共产党，就立马枪毙了他们，那两位老人就说好。后来就把我哥放了，也没枪毙。等到鬼子转完附近的村子，又回到善疃村吃饭，让我们弄米饭给他们吃。他们知道从我们家里带走了个人，就说你们要是敢跑了，立马把你们的屋子就给烧成灰。之后就让我三哥给他们送饭。但可怜的是，当时我二嫂刚生下孩子 40 天，因遭受如此大的惊吓，一吓不起，便去世了。现在村里八九十岁的老人都知道我哥这件事，当时闹得挺大的。

狮子山阻击战的时候,我当时年纪小,胆子也小,听着身边枪声就吓得不行。我就问我大嫂我们还回山上吗,要是遇上国民党,咱们不就没命了嘛。我大嫂就说再回去看看,等等看后援部队到没到,要是来了,咱们也就放心了

我当时心里想的是咱这仗已经打败了,再回去干啥?又转念一想,不能怕死,那些战士都不怕,我大嫂也不怕死,我也不能怕。最后就跟着大嫂又回山上了,那时候咱们的人也来了,不过已经晚了,死了挺多人了,有刺刀刺死的,子弹打死的、炮弹炸死的。

当时抬担架都是秘密行动。连父母都不知道我们偷偷出来了,村里人也都不知道,怕被国民党知道了吃枪子。后来我母亲问起来了,我才敢告诉她昨晚去抬担架了。现在想想,还是有点后怕,枪子声就在耳边。但是咱们是党员,不能怕死,一定要冲在前面。

2016 年我摔断腿瘫痪在床,有次政府派人来看望,我二女儿就问了句能不能给我争取点特殊福利,被我听到后立马拒绝了,我说你说这些干什么。我和他们说,我女儿不懂事,可我懂。我不需要什么特殊的照顾,我一辈子都没和党讲过条件,现在也不会。我儿子也明事理,和他们说政府能来看已经是格外关照了,不需要其他照顾。

我入党 70 年,一直把“共产党”三个字记在了心间,建党 90 周年时,党还专门发给我们这些新中国成立前老党员奖章,还把我的事迹写了出来。我二女儿那天念给我听了的,我挺开心,党还记得我们这些人啊。现在党对我们够好的了,每年还发钱,之前是 2 000 元,现在每年 4 800 元。

我们家庭没有犯错犯罪的,都是因为教育得好。我经常教育我孙子、孙女,“三条道路走中心”,别想歪门邪道,这些是发不了家的。要自己出去闯本事。有苦才有甜。年轻人的路还长着呢,要好好干,争

取早日入党。

二、干工作不怕苦

我大半辈子都在村里度过，大干部不会干，小干部一个个当。这些不是我吹牛，你看看墙上这些奖状，你要是没给村里卖过力气，怎么可能得到这些奖状？

我二嫂去世撇下一个侄子，母亲就没有让我再去学堂念书，让我留在家专心照顾侄子，所以我不识字。原来有机会南下，也是因为母亲不同意就没去成。她和领导说起家里没剩下几个人，还有我二嫂去世得早留下小侄子要照顾，就不愿让闺女走远了，当然也是怕我出去受委屈。当时南下的人加上我一共三个人，两女一男，他们两人都去了，后来混得也不错。我就留在村里干工作了，后来工作调动去谭家庄，也遭到母亲反对，就没有走出去过，一直留在村里当了不大不小的干部。

我父亲是村长，我们这些子女也很早就接触村里的工作。我父亲当村长的时候工作就难干，也特别操心累人，后来就累瞎了眼睛。我当过青妇小队的队长，当时在村里组织站岗放哨，就在村子南头盯着日本人，他们一进村就赶紧给地下党报信。狮子山阻击战的时候，我还组织村里的妇女捻麻绳、纳鞋底、做布鞋。因为山路比较滑，布鞋比较适合行军打仗。当时每家每户要做一双鞋，我们就连夜赶工，半夜的时候就偷偷送上山。那场仗死了不少人，我们就能组织大家去抬担架转移伤员。以后每年我都领着妇女上山去献花圈。

在人民公社时期，我也当过生产队八队的队长，领着大家上山干活。上山我锄地时，专挑地边的活儿，因为那里杂草多，活儿最多最累。因为咱是共产党员，所以，就想着给大家树个好榜样，吃苦在前，享福在后。当时全国还号召学《毛主席语录》，干活、吃饭的时候都要学习。因为我不识字，还闹过不少笑话呢。有一次我把“大干快上”说成了“大头在上”，惹得大家伙儿都笑，以后见到我就说“刘赞香，你现在还是大头在上吗？”

在我当妇女主任的那几年，善疃村的计划生育工作在镇里是拔尖的，没有偷生二胎的情况。当时谭家庄每3年都要评奖评优，我们村每次都能得奖。当时就想着要相应国家号召，不生二胎。我就领着十几个人挨家挨户去做工作，动员大家。平时要发放避孕药、避孕环，每月还要组织大家集中检查，怀孕了就要领着去医院流产。当时工作难干啊，在村里还被叫作杀人犯。但咱是党员，咱不干谁干，就只能硬着头皮干。

我干工作，干得好，但就是不识字这件事很麻烦。有一次去谭家庄开会，别人都拿纸笔，只有我坐那里静静地听着。领导就过来问我为什么不记录，我当时眼泪都快要掉下来了，也不能告诉人家，自己是因为要在家照顾年幼的侄子才没机会上学，就只能笑笑说自己没上过学堂，拿不起笔来。那人就特别吃惊，说干计划生育的妇女主任咋能不识字，这工作还能做好吗？我说不碍事的，我脑子灵，工作肯定没问题。而且我是党员，计划生育的工作一定会做好的。

但是，回到村里我就主动去找村长辞退了这个妇女主任的职务。我说我丢老人了，人家村的妇女主任都拿笔在那里记录，就我自己傻听着。咱们善疃村就再找不到其他人可以干了嘛，非得逼着我干吗。就这样，我自己退下来了，这个妇女主任一共干了七八年。退了之后还给我送通知，当时都是派专人骑车来送信送通知。我就和人家说清楚，说我因为不识字自己退了，以后送去别人家就行。

在供销社时期，我还负责按人头收鸡蛋，最开始一个人半斤鸡蛋，后来是一人一斤。当时村里还专门给买了辆三轮车，其他村都没有的，就专门把鸡蛋拉去谭家庄供销社。我也曾在村里组织收破铜烂铁，当时破铁头、锄头都不让丢，我就在村里负责收这些东西。因为我工作干得好，被谭家庄公社表扬通报，还奖励了我两个瓷杯，你看上面印着的大字“老人民公社为人民服务”。善疃村只有我一个人有这个杯子。

村里大大小小的工作我都干过，是妇女主任的工作也没干够 10 年。后来计划生育工作的干部只要干够 10 年都有待遇，我就刚好因为年数不够，什么待遇也没有，现在只有新中国成立前老党员发些补助。有人碰见我就说老刘你真冤枉啊，该去找找人，看看能不能给点什么待遇。我就说咱心中一直有三个字——“共产党”，咱不能随便去找。虽然妇女主任是我主动退下来的，不是因为犯了什么错误，但是咱确实没干够 10 年的年限，国家看到就算了，看不到也就这样吧，所以，我也从来没找过。

三、存善心巧治病

因为我姥爷是老中医，我母亲从小跟着也学了点手艺，后来就教给了我。虽然我不识字，但是也学会了一些小偏方，伤寒、痛经、羊痫风、小孩儿受惊这些小病我都会治，这些年我治过的人数都数不清，有我们村里的，也有外村的。

就在我摔伤腿住院期间，还有人找我看病。那个人和我在同一个医院，说他媳妇刚生下个女儿，他女儿的脐带剪掉后肚脐眼肿得挺大，疼得孩子白天黑夜得哭。我就问他你信不信我，你要是信我的话，就去买两个柿子，把柿子洗干净，留下那个柿子蒂把，然后烤熟，蘸着香油擦两遍就能好。没过两天那孩子的病果然就好了，后来他提着一箱奶过来感谢我，我也没收。

我帮人看病这么多年，从来没收过人家的钱，都是小手艺，不是什么大事，也用不着收钱。之后就有人不送钱拿着一些东西来感谢我，我也大多不收，有时实在拗不过人家就多少收下一些表示一下。有一次村里人拿了两斤月饼来，我就留了两个。庄稼人都不容易，不用这么客套，剩下的就让他带回去给家里孩子吃了。村里人后来还经常提起这件事，说我刘赞香不收人钱，人家送去的月饼她也只留两个，不多留，这样的人不多了。

这么多年，我真的记不得都治好过哪些人，不过他们却都还记得我。有次我去集市上买铁锁，一块钱一把，人家愣是不要我钱，拉着我的手说“大姨，你忘了，当年我家孩子病了，是你扎针治好的，给你送东西你也没收，现在我怎么能收你钱呢。”当时把我感动的，眼泪都要下来了。

我瘫痪在床的时候，我之前治好的一个福山区的人来看我。他之前还领着两个朋友来我这里看病，都让我治好了。这次本来是想请我过去吃饭热闹热闹的。但看到我瘫在床上，就说“现在我爹妈都没了，本想让大姨你过去吃顿饭感谢一下您，看您现在这样子应该给您些钱的”，说着掏出 200 块钱，我就说，大侄子，我怎么也不会收你的钱的，要不然，我睡不着觉。他就把钱收起来了，和我又说了会儿话，临走的时候把钱从窗户里又塞进来了。

现在我老了，腿也不能动了，我就把这些偏方手艺都传给我儿子、儿媳了，他们也经常给人看病，都是不收钱的。有次我儿媳治好了人家的病，人家塞给她 200 元，她不要，说“我婆婆帮人看了一辈子病也没收人钱，我也不能要”。那人就说如今时代不同了，她们也能挣点钱了，这点钱不算什么的，行行好收下吧。没办法，儿媳这才把钱收下了。确实时代不同了。

四、俏登台俭持家

我年轻的时候干工作干得好，编排小剧演出也是一把手。20多岁正是好时候，在台上能说能唱，经常登台表演节目。

“这个孩子长得俏，和他爸爸一个样，明亮的眼睛双眼皮，漂亮的脸蛋高鼻梁”。这个是之前我们村里的俱乐部编的男人参军去前线，女人在家生孩子照顾家的小剧。我老伴会吹口琴，他的《送情郎》在公社是数第一的。有时就是我唱歌，他在旁边给我伴奏。

结婚的头一年，我们回老家过十五，长辈们都在，有六个舅舅，三四个姨，都给我包了红包，每家给了1角，一共收了1.6元。当时都穷啊，这些钱也不少了。饭还没吃到一半儿，村里就派人来叫我，让我回村去表演小剧。亲戚们都不愿意，大舅就说我们就这么一个侄媳妇，要在家好好吃顿团圆饭，不让回去。后来村里的领导和俱乐部的领导就都到家里去了，说过节要演演剧热闹热闹，十五更要热闹。亲戚们还是不同意，最后没办法了，我就和大舅说我还是回去吧，村里办场演剧不容易，我还是个主角。最后我饺子也没来得及就回村了，回来后就直接登台表演了。中间换衣服的时候还把钱给掉了，当时心疼的我了不得。后来大家谈起这件事还说“老刘，你当时应该和大家说，大家伙儿给你凑齐钱啊。”我就说再怎么也不能让你们凑钱啊。就这样，收到的红包还没来得及花就没了，就因为演剧。

前几年福山区成立打鼓队，一共十几个人，我们家就占了四口。我二女儿、四女儿、五女儿和儿媳都能上台。我老伴会吹口琴，我儿子会拉胡琴，也会吹点口琴。

2016年，我不小心从床上摔下去，其实也因为年轻时落下的病根，腰不好,膝盖肿,医生说是骨质疏松。年轻时,爹妈年纪大了,身体不好,我就担下了不少活儿。我在生产队的时候,干活也很拼命,当时没有棉衣服,都是单衣里面絮上些棉花过冬,当时没注意,到老了就显出来了,腰腿就不好了。

我生养了 7 个孩子,坐月子没怎么有人照顾,营养没跟上,身体受凉了,后来就骨质疏松了。两个儿子都是生在冬月,当时坐月子家里收了十几个鸡蛋,我都不舍得吃。等过了 10 多天,我差不多能走道儿的时候,我就走去谭家庄。那里离我们村有 8 里地,我就把鸡蛋带到那里去卖,卖了钱,去供销社给孩子扯布头做衣服,因此就把身体给累坏了。

有次我二女儿回家看我,在车站买了五块钱的花生,说对身体好。我就怪她乱花钱,挺心疼的。我说你妈过惯了苦日子,不敢乱花钱的,花钱花在刀刃上。她就劝我说年纪大了该享享福了。

年轻的时候受了那么多罪,出了那么多力,没想到还有今天的好日子。当时干工作这么累,替供销社干活儿一个月只有四五块钱。我两个女婿是老师,现在的工资不知比我们当时多了多少,真是稀罕。

我经常和孩子们说,钱多了就多花,少了就少花。你看你妈过去那个时代,哪里去弄钱。你们现在都赚钱,不管赚的多少,健健康康就好。

活到现在,身边好多熟悉的人都不在了。现在不管婆家还是娘家,我是年纪最大的人,87 岁。40 多口的家,还经常有人记着我来看看我,在我身边转转,陪我说说话,我也知足了。

付德福

访谈时间：2017 年 12 月 6 日

访谈地址：福山区善疃村

采 录 人：王婷

人物小传：付德福，男，1929 年农历 8 月 28 日生，烟台善疃村人。16 岁入伍参军，19 岁加入善疃民兵组织，并成为公社武工队一员。新中国成立后，曾担任炼铁厂排长，后外出四处打工搞建设，回村后，在公社联办烧过砖瓦、打过石头、看过山。亲身经历抗日战争、解放战争以及新中国成立和建国到现在的历史。

一、战乱纷飞放牛娃

我是 1929 年出生的，家里四个孩子里我排行老三，上面有一个哥哥、一个姐姐，我还有一个小妹。那个年代还不是很太平，我们村附近有一个土匪，招兵买马，还开了军工厂，可以造枪炮，经常到各个村子里去收一些东西。他们一来我们村，每家每户就得轮流去送饭，有一次他们来了三十几个人，就在原来林家祠堂那块，轮到我们家送饭了，我那时候还小，10 岁左右，家里看我是个小孩不会被土匪打，就让我去送饭了。我还记得，当时把家里的鸡蛋、大菠菜一块做了两个菜给送过去。那时候哪有什么好的东西啊，也没有油啥的，有的家里把饭送过去，人家不满意，就得给你打回来重新做，一般最少是两个菜。我当时害怕啊，他们都拿着枪，现在想起来印象还很深呢。

当时很多事情也和现在不一样，女人那时候都是要裹小脚的，我的大姐就是这样，把几个脚趾都给掰得变形了。女人也不让出来，有时候村子里有什么热闹，我们都出去看，她们就只能开个门缝瞧一瞧，那时候女人实在是太难了。

我小时候家里很穷，所以，我就没去上过学。当时能去上学的也不多，我们家几个兄弟姐妹是都没能去。后来我有了孩子，就都让他们去念书了。从我 13 岁开始，我就和村里一个人一起放牛。我们两个负责全村的牛，当时一共有 30 来头吧，每天的饭都是村里每家每户轮流着给的，人家吃什么就给你什么，也不是专门给你做的。如果今天人家家里吃地瓜，也就给你点地瓜。我们就在山上放牛，晴天的时候就看着牛吃草，我们自己扎了个窝棚，有时候下雨出不去，就待在里边。就这么一天一天的，我在村里放了三年牛。

二、保家卫国投军戎

到了我 16 岁，也就是 1946 年，我们村里有共产党来宣传当兵，保家卫国，我当时上面还有一个哥哥，我听着当兵还挺好，我就去了。当时是去了谭家庄公社那里，一去了那里我是做武装部的通讯员，就是负责联络送消息在谭家庄公社附近这 29 个村子周围，领导开完会决定出来，我就负责把消息传达出去。最多的时候，我一天跑过 6 个村，有时候要得紧了，晚上也在送，下雨的时候也得送。那时候也不觉得怎么样，上面领导让干啥，安排什么任务，我就去做就行了。

后来不到一年时间，谭家庄公社就成立了区中队，我就是一名普通的战士。那时候物质条件什么的也非常匮乏，我们每天早上 5:00 起来，早操，吃饭。上午或者下午就由部队里安排去帮老百姓干活，那时候要求特别严，纪律、管理什么的都非常有一套，“不拿群众一针一线”，有时候去个老乡家里，都不能一个人去，至少得两个，这就防止有些人手脚不太干净，互相监督着点。

除了帮老百姓干活，我们还进行文化学习和军事训练。那时候就学一些“革命道路”“毛泽东思想”之类的，也不是说学算术识字啥的。

我们进行军事训练的时候,上面有人在讲,我们下面跟着做,主要就是训练队列,还有拼刺刀,就用稻草扎成那种小人,在下面练习。

1946 年的时候,共产党在农村开展土地改革,但是有很多地方都执行不下去啊,很多地主人家不愿意把土地拿出来。所以到了 1947 年又开始“复查”运动,就是把这事给执行下去。当时我们就负责去保护这些执行的去村里分地的同志们。有一次很危险的情况,有几个地主把当时区中队队长秘书给绑了,然后就把他给放麻袋里,放上石头啥的,把他给扔到海里想杀了他,我们当时接到任务,全队都出动了,最后把人从海里给救了上来。

到了 1948 年的时候,谭家庄下边就不养兵了,然后就把区中队全都合并到了福山区警卫营,我去了那边一开始还是做通信员,但是我没念过书,文化水平不太行,以前信少的时候还能分得开,后来多了就不太容易做好这个工作了。然后福山区警卫营也被合并到了渤海二团,我因为身高原因,就没被合并过去,我也就复员回到家里来了。后来渤海二团打阻击战,阻击国民党向南撤退的时候,我也就没能参加这次战役。

我复员回到村里,就参加了村里的民兵组织,并加入了公社成立的武工队,那时候差不多有二十几个人,当时还没建国,1948 年,解放战争的时候,我们就负责把村里的庄稼送到前线去支援,不让国民党的人拿到粮食,就这么直到新中国成立后,公社武工队才没有的。

三、四方奔波为生计

新中国成立后,我就当了工人,大炼钢铁时期我还在烟台一个炼铁厂当过排长,那时候就讲“以钢为纲”。当时上面下达任务,要求你这一个屋今天炼多少出来,比如,今天炼 150 千克,但大多数情况都是完不成。有时候上面要求得紧了,又没有铁怎么办,就把家里的凡是含铁啊、铜啊这些东西都得交上去,炼钢铁。那时候因为各种条件也达不到,炼出来的钢铁质量也不太行。

后来到了集体化以后,我就出来打工了,那时候我也就二十几岁,在牟平等各个地方都做过。我那时候跟着一个建筑队,是私人的,不是集体的,他们去哪我就跟着在哪干,我打过石头,也盖过房子。有时候,今天这里有活了,我们就去这里干,经常不定地到处走,到处找活干。

那时候烟台在搞建设,我在铁路上、莱山机场还有福山大桥都做过。我们村当时出去的就我一个人,平均一天能挣几毛钱,那时候到处跑,很累,但也没办法,得养家。在村里,你怎么干一天就是那 10 个工分,在外边打工,除了买工分还能剩点钱。干了有三年多,我就回去了。

出去打工之前,结了婚,那年我 19 岁,那时候不像现在,要这么复杂。我们那时候就媒人给介绍了,然后双方看一下,也不用送什么东西,就一点肉啊什么的就行了。结婚当天,就扎个轿子,然后把人给领回来就算完事了。人有钱的家里,可能还雇一些人吹吹打打的,去抬轿子。比现在要简单得多。

四、回归家园养天年

我回到村里以后,1972 年左右,公社成立联办,我就在那里边烧砖烧瓦,后来又去打石头,干了四年时间吧,我就受伤了,这个活也就干不了了。后来就安排我去看山,我们这儿到处都是树,我就负责看着不让人随便砍树,我一直看山,看了得有 7 年时间。这时候,我也已经 50 多岁了。

1981 年秋天，我们村开始分地，承包到个人，分地那天，我们村人都去了，抓阄决定分地的顺序，几个家庭组成一个小组，然后分地。平均一个人分了有七八分地，还有一亩果园。当时我们家有六个孩子，两个男孩四个女孩。分了地以后，我就开始专心务农，做回一个农民的本分了。后来实在是因为身体原因干不动了，我就把地都给了儿子，让他们种，那年我 69 岁了。

现在我已经快 90 岁了，经历了这么多，现在这日子和以前相比，实在是好太多了，以前在生活上是真苦，现在我几个孩子也孝顺，女儿有在青岛的，有在别的地方的，每有空的时候就回来看看我，我的日子也很顺心。

林学敏

访谈时间：2017 **年** 11 **月** 22 **日，**12 **月** 6 **日**

访谈地址：善疃村委大院

采 录 人：卞晓洁

人物小传：1954 **年出生，**1972 **年担任第七生产小队的妇女队长，**1974 **年担任善疃村团支部书记，**1985 **年底担任善疃村妇女主任至今。**

一、“文革”时期读书难

我 1954 年出生，家里有兄弟姐妹四个，大姐 1942 年出生，去支援北大荒了，还有个哥哥和二姐。1958 年大炼钢铁时我刚记事，吃大锅饭。到了 1960 年就不吃大锅饭了，但是那个时候穷，大家都只能吃地瓜干、地瓜叶、地瓜蔓，还有山上的野菜、萝卜叶，好的人家还能吃豆面渣、玉米面。1960 年的时候，地里有很多人地瓜都不要了，冬天都冻硬了，我妈就让我姐姐去山上捡地瓜，把皮剥掉，磨成粉，地瓜冻了出粉多，吃地瓜面汤，这个比野菜好吃，所以我们家在三年自然灾害的时候没有挨饿。我在1961年,刚满六周岁的时候,读了小学一年级,我是我们班里,也是整个学校里最小的。那时候在北庙读书,北庙是主校,祠堂是分校,我们村有很多家祠堂都当过学校。1966年我小学六年级毕业了,因为“文化大革命”,1966年7月,我们都考上了初中也不要我们,因为我们的成分不好,只要成分根正苗红的,1968年春天,只让烈士的子女去念初中,我家是中农,所以我没能上初中。烈士的子女走了之后开了普及中学班,自愿去学习,我就去念了几页代数书,那时我15岁,因为父亲病了半年,我就下学,去我家承包的果园看果园。到了秋天父亲去世了,母亲就不让我念书了。

二、入党纳新当书记

1969年,我在砖窑厂干过,那是个砖瓦窑厂,我要用两只手担砖,每只手托一个,一个瓦带着瓦板,都是湿的,所以一个瓦有七八斤重,甚至每只手担过两个,一共三四十斤重。到了1972年,小队的人选举我为妇女队长,那年我19岁,即使年纪很小,也让人信服。妇女队长每个小队都有一个,属于九名生产队队委会之一,其中还有会计、保管、正队长、副队长还有委员。妇女队长的任务主要是领着妇女干活,有掰苞米、甩花生等比较轻松的工作,一直干到1974年。1974年的时候担任团支部书记,当年响应毛主席“吐故纳新”的号召,新招收一批党员,叫作“纳新对象”,所以,加入中国共产党,但是1976年12月才是正式入党。当团支部书记的主要任务是收团费,开大会和发挥共青团员的榜样作用。团费是每季度五角,每年一共两元;开大会主要在晚上,大约四五十人,白天干活,晚上开会,一共九个团小组,每个小组一个团组长,每个生产队一个团组长,一共五个团支部委员,包括共产主义青年团支部书记、组织委员、宣传委员、文体委员等;发挥榜样作用主要是上山开荒，如把草跟粪混在一起积绿粪，当肥料，团员青年就往家搬，义务劳动起带头作用。1974 年做团支部书记时兼任七队的保管能够挣七分半的工分。直到 1977 年结婚后，就不干了。

从 1985 年我开始干计生主任、妇女主任一直到现在。任务主要有调整土地分配，尤其是在涉及生死、嫁娶时，有时土地离村子比较远，还要领着他们去山上看。到了 1998 年，我开始担任支部委员，到 1999 年为村委委员，至此成为两委委员。

三、永结同心向自由

我是 1977 年底结婚的，当时 23 周岁多一点，达到晚婚年龄才结的婚。我们是同一个村的，媒人介绍的，认识了三年多，接近四年，是在我 21 岁时，在 1974 年的春天认识的。当时还是集体时代。一开始介绍，双方都同意，女方就去男方家看看行不行，行，就定下了。我嫂子领我去的，只要家里亲人就行，婆婆给了 80 元，男方给女方一套衣服、鞋袜，过几天男的去我家，给他 20 元这就相当于订婚了。再就开始你来我往，正月、六月去双方去探视，男的先上女方家，然后女方再到男方家。

结婚时男方给女方 200 元彩礼钱，里面就包括了衣服在内了。当时我用这 200 元买了台缝纫机，衣服是我自己买的，也不是四大件，自行车我也有，他也有。我喜欢缝纫机，自己也能做衣服，孩子的衣服也是我自己做的。结婚的时候，我还是自己走着去的，两个哥哥领着我去的，那是 1977 年阴历十二月十六。因为近，就没骑自行车，穿着新衣，也没有放鞭炮，那时候都没有放鞭炮的，大概七八年之后就有放鞭炮的，然后请酒席，男方请了三桌客，他舅给了八元，姐姐给了十元，邻居给了两元。那时候没有两家一起吃酒席的，女方在第二天早晨包个饺子吃,然后回娘家。有第二天回去的,也有第三天回去的,回家这几天女方再伺候客人,这叫回门。我娘家远,没叫来,我的姑家割了被面,给我块布。我是第三天,也就是 18 号回的门。结婚的日子也不是挑的,也不迷信不讲究,只是两家一起商量商量咱什么时候结婚,我也没有爹,没有妈,我婆婆也不讲究。那时候结婚还没有现在录像花的钱多,也没有放鞭炮的,就这么简单。第一天晚上就住在婆婆家,回门在娘家住一宿。我们住在婆婆家的老房子里,结婚第二年又自个儿翻新的。前两年我们一起住,后来分家的时候,婆婆搬到厢屋家住,三四年又给他们盖了南屋家。没结婚之前,干过团支部书记。我结婚以前去烟台照了结婚照,结婚前,领结婚证,证件上没有照片,八几年的登记照上有照片。

我有两个女儿,都结婚了。大女儿 2001 年结的婚。她结婚时彩礼一万多块钱,她对象是别人介绍的,她自己去婆家看看,婆婆家给了 1 000 元见面礼,我们给了女婿 800 元。结婚时,男方给了女方 18 000 元,我们两家在一块宴请宾客,一桌 700 元。有放鞭炮的,有录像的。

四、吕剧表演粉墨登场

以前村里都排大剧,唱吕剧,我多少会唱点儿。这几年刘江他们自己唱个吕剧什么的,也有几回叫上去唱点儿。以前我们村吕剧办得挺好的,现在我们村拉二胡的还有几个,拉醉琴的那个不在家了,另一个去世了。吕剧的剧弦是醉琴,京剧的剧弦是京胡。我们村从新中国成立以来就有吕剧,我结婚以后就没了,一块剧目每个人分角色,一般是冬月里宣传队开始组织起来了,开始排练,都是些大剧目,起码三四十个人一个,有拉的,唱的,演的,打锣的。我们村大,七八百人。以前宣传队队长叫孙昌泰组织,现在他去世了。整个宣传队有三四十个人，那时候叫宣传队，在台上演出，最早的台子在村中间大台子，有广播，村民很多都去。我们都是晚上排练，有时候觉得表演不好了也会在白天排，在屋里，那时候都年轻，即使很冷也不怕。台子在外面，村民们都拿着小板凳看。演老剧目时有角色服装，以后演平民百姓的戏的时候，就有什么穿什么，就比较随便了。以前我们村戏服很多，收拾得很好，现在不知道被谁收拾到哪里去了。大冬天冷也得表演，以前的人不知道那么金贵。这几年有广场舞，秧歌。这几年我都没参加，我们这些老人都在广场跳健身操。我们村里大鼓、小鼓、腰鼓都有。有些结婚的去请他们还去打打，这两年腰鼓都没有打的了，前几年把他们叫回来打得还行，大的结婚的时候还去打打。鼓是村里的，姜德堂在外边干得不错，投了 2 000 元，谁家结婚请打大鼓就给一点儿钱给他们，谁打谁挣钱。挣不多少钱，从早晨起来打这么一套鼓直到结婚仪式完，鼓队的人把钱分了，还有跟到饭店的，打那么一套鼓也就一个人给 50 元，多的时候十来个人，也有时候七八个人。

姜典新

访谈时间：2017 年 12 月 6 日

访谈地址：善疃村委大院

采 录 人：王婷

人物小传：姜典新，男，1946 **年** 1 **月** 30 **日生，烟台市福山区善疃村人。**18 **岁在善疃村大队集体做石匠，后从事铁匠工作** 17 **年。现在年过** 70**，协助家族重修宗谱。**

一、曾经学堂少年时

我 1946 年出生在善疃村。小时候我经常在姜氏宗祠附近玩，那时候祠堂已经改成了学校，有人在那上课，如果哪一天能捡个粉笔头儿玩都觉得很高兴。我10岁开始上小学，学校搬到了北庙完小，我上了有五六年的时间。当时全国大炼钢铁，讲的是“以钢为纲”，我们放学以后也在学校附近拾砖。我完小毕业以后考上了谭家庄的初中，当时，我们是三级一班差不多有40几个人，三级还有个二班，两个班加起来共80人左右。

上初中的时候，语文、代数、物理、化学、体育和美术这些课程都有。我当时的学习成绩挺好的，但后来因为生病和“成分问题”，只读了两年零两个月的时间。那个年代，很讲究成分，我家的成分是“中农”，因为成分问题，我的一位表哥毕业后一直不好找工作，我也因为成分问题，上学受到影响。我一直读了八年左右的书，18岁不读了。

二、红光漫漫打铁路

1964年，18岁下半年的时候，从学校出来回村务农。由于当时还是集体劳动，我被安排干石匠，一直干了两年。有一天，我正在干着活，大队里有人来找我说，现在打铁的那边缺人，愿不愿意去干。我当时回家和老母亲商量了一下，她同意，我就开始干铁匠，没想到这一干就是20多年。

当时公社有个铁匠铺叫“红炉打铁”，就在现在祠堂广场那个地方，我被安排到这里干活，有一个40来岁的老师傅叫刘学芳带着我打铁。刚去的时候，我负责拉风匣、打旁锤。打铁这个活只有技术过硬的师傅才能打头锤，我拉风匣、打旁锤差不多干了3～5年吧，才慢慢地什么都会了，我就一直打头锤了。不过那时候还是生产队集体干活，不管你在那里干什么，一天都是10个工分。

当时铁匠铺有大炉、小炉，大炉负责打一些刀、镢头等东西，小炉打一些零散的小玩意、小工具。最多的时候，四个人一天能打8个镢头。一直到1983年，单干了，我就不在村里的铁匠铺干了，我总共干了17年。

不在集体干以后，就自己出来单干，还是打铁，做铁匠。我当时拉了两个和我关系都挺近的人一起，在原来生产队的几间办公室开了这样一个铁匠铺。有活的时候，我们几个一起干，然后赚钱平分。当时，附近那几个村都没有铁匠铺，平时打个马掌什么的都来这里，到后来我自己一个人就能打出来。我自己单干做铁匠干了五年，到了1988年，因为打驴掌、马掌的很少了，没什么生意就没再继续，我打铁做铁匠一共两年。我觉得我自己是一个"多面手"，我之前干过瓦匠，也做过这么多年的铁匠，在生产队的时候，也曾跟着和别人一起建过房子，当时小队的饲养场还有生产队的办公室建的时候我都参与过。

我在1968年，22岁的时候结的婚。我们当时结婚和后来我儿子结婚时的情况差距很大。我结婚的时候，媒人介绍，然后双方见面定下来以后，女方的哥哥用自行车把人带过来的。我当时结婚就是家里比较近的亲戚在一起吃顿饭就行了，也没多少人。不像到了儿子结婚的时候，得有十来桌，亲戚、邻里乡亲都在一块吃饭。我们那时候东西也非常简单，也没什么聘礼，就做几个桌子、柜子之类的。我有兄弟五个，我排行老四，结婚的时候没有房子，只能和母亲住一块，后来实在不行，我就去找当时村里的负责人批地建房。说起批地建房也不容易，那时候白天去干活挣工分，晚上就天天往负责人家里跑，终于解决了这个事情。

三、分得土地自耕种

1983年的时候，我们村分了地，拿到了土地，自己负责耕种。当时刚分地的时候，还很不适应，以前集体的时候，大家都是一块去干活，什么时候干什么都不用自己操心，所以一开始有些不习惯，但渐渐地就好了。集体的时候一亩麦地也就能产 100 千克左右，后来到了我们自己种地的时候，一亩地差不多能产个五六百斤的小麦，个人承包，积极性就是高，产量也就上来了。

我们当时分地的时候，一个人差不多分到一亩地左右，还有果园。后来，我又通过“叫行”置了一些地，“叫行”就是村里有一些分完之后还剩下的地，大家聚在一起，想要这块地的人就叫价，最后价高者得。从八几年开始就有这个叫行，但到了 1994 年以后，这种情况才渐渐地多了起来。

刚分地的时候，还分了果园，因为我过去一直做铁匠，对这果园种植不是很了解，我就找了个以前生产队里专门负责果园种植的技术员，跟着人家学了差不多三五年的时间，才渐渐地学会了种苹果的一些技术，比如，剪枝、授粉等。

四、不辞辛劳修宗谱

前几年，姜氏家族的几个老人就商量着想要重修姜氏宗祠，但这事因为资金原因前前后后耽误了挺久，得有四五年的时间吧。直到去年，我 72 岁，宗祠才算正式开始重建了。我们几个当时开了一个会，确定了各自的分工，我就负责收集整理宗谱这块。前期主要是准备收集宗谱资料，“文革”的时候，宗谱都被烧得差不多了，得重新开始收集资料。

开始收集资料的时候，非常不容易。有的人不配合，我得上门去好多次，一次一次地做工作，统计他的资料，有的甚至得登门数十余次。有时候，一个字拿不准也得抓紧去核实准确了，要不宗谱上就不对了，前前后后修改了四次才算完成。现在宗谱已经整理完毕挂在了祠堂正堂中央，接下来就是谱书了，目前正在出版印刷中，应该很快也能出来。

虽然重修宗谱的过程很辛苦，但是也不能放弃。我就是想要通过这种方式，让姜氏也能重新再传承起来，记录下这些为家族做出过重要贡献的人，也让后世子孙能跟着学习。我也这么大年纪了，在重修宗祠的过程中也是能做什么就尽量做点，做到哪一步算哪一步。

姜忠玲

访谈时间：2017 **年** 12 **月** 6 **日**

受访者地址：烟台福山区回里镇善疃村

人物小传：姜忠玲，男，1943 **年出生于善疃村。**16 **岁毕业后回村参加生产队劳动。自** 1963—1969 **年，在生产队担任保管、队长、会计和团支部书记等职位。**1976—1994 **年在善疃村担任** 11 **年村委主任，**7 **年村书记。**1994—2013 **年回家做生意，**2013 **年至今务农。**

我叫姜忠玲，今年 75 岁，1943 年出生于回里镇善疃村，我的生日后来定在农历腊月十六，因为我妈妈去世早，家里人不知道我的生日，后来找了个日子：腊月十六。

我们兄弟姐妹一共五个，有两个哥哥、一个姐姐和一个妹妹，我在家庭中男女排行老四，妈妈在我 15 岁的时候去世，父亲再婚，娶了后妈。我大哥叫姜忠文，1947 年，他 19 岁的时候跟我三姨参加革命了，后来留在胶县就是现在的胶州工作，后来调回福山的张格庄镇任片长，又调到回里镇负责一个村的财贸工作，人称“姜主任”，一直干到退休，退休后在镇政府的综合厂开了个水产部，担任负责人，到文登、乳山等地购买水产品回来卖，干了几年就回家了。原来区里开四级干部会（包括区级、乡镇级、村级和村里的生产队长）的时候，村里的生产队长可以参加，我大哥是镇里的包片的片长，我是生产队长，在每年的秋收之前在区里开十天的会，我大哥和我都能参加，去学习参观，各方面都挺好的。

我二哥叫姜忠明，比我大十几岁，在 1966—1967 年在村里干书记，赶上“文革”，挨了批斗。我姐姐没结婚前在我们村教学，后来嫁到了内蒙古的包头，有三个孩子，姑娘大学毕业后分配在福山工作，给她妈妈在福山买的房子，我姐姐和姐夫一家全家回到了福山。我妹妹在门楼镇高中毕业后，跟我小姨（四姨）到上海工作了。我小姨在上海的一个部队做军医，是个团级干部。1973 年冬天去我小姨家，在她家住了半个月。那时候上海有个 24 层的大高楼，有个广场，广场里有带电的灯，非常明亮，我还去过上海的西郊公园。我小姨他们上班，我闲着没事就到这些地方去站（玩）。上海是我从小到大去得最远的地方。

一、小学七年终毕业

我在 1951 年，九岁的时候上学，念了七年书，因为在三年级蹲了一级。我在村北庙上的小学，当时北庙里面的泥老爷爷都砸了，改造成了教室。有四个年级，每个年级有一个班，每个班有 30 多个孩子，都是本村的，叫善疃小学。北庙南面有两个门，西面的是个木头的边门，东面的门大些，门槛是活的，天黑放学后把门槛放到槽里锁门。南面是墙，西面一溜房子，北面有两栋房子，一栋靠前，一栋靠后，两栋不齐，当时学校用不了这么多房子，大队的油坊在北面东面的那栋房子里面，东面也有一溜房子。早上 8:00 上课，中午回家吃饭，下午继续回去上课，那时候一个周上五天半课，礼拜六上午也要上课，下午放假。我们班 30 多个学生，一年级上语文、算术、美术、体育。二年级多了唱歌就是音乐课，周上一次课。一个老师教一门课，有语文老师，数学老师，体育老师，音乐老师，我在北庙小学念书念到四年级。

五年级到张家铺村上学，那个学校是完小，学校设在大殿里，有五年级和六年级，周边村的孩子都在那儿读五、六年级。路比较远，我和我们村的同学一起走路上学。冬天，我奶奶给我做的菜饼子，我带着上学。我在张家铺完小读完五年级，六年级又回到善疃，善疃小学改成了善疃完小，有五、六年级了。我们六年级在北庙东面的六间房，周围五个村的孩子共 80 多人都到善疃完小来读六年级，人多分成了两个班，六年级甲班和六年级乙班，两个班各占三间房，我在六年级甲班，我们班有 40 多个同学。我的同学大部分是咱村的，也有别的村的。我小学最好的同学有咱村的姜其浩，还有张家铺的鞠芳地，我和鞠芳地是一张位（同桌）。当时花两分钱五分钱就可以买个和买支笔，我家条件不好没钱，买不起，鞠芳地家庭条件好，有钱，都是他送给我，有时候他的本和笔不用了也送给我，我印象非常深，我们现在关系也一直很好。三年级因为学习不好，上课调皮捣蛋，不认真听讲，交头接耳，和别人说话，蹲了一级。我班主任叫孙成提，我调皮捣蛋，班主任就训我，有时候还揍我，不过我也不记仇，老师揍完我，放学回家就忘了。我的小学校长叫吕京福。

二、年少回队挣工分

16 岁我毕业了，回家参加生产队的劳动，1958 年赶上大炼钢铁，秋天突然上级让生产队拉大兵团，一个片成立一个营，一个村成立一个连，包括连长、副连长和指导员编制和部队一样。营的办公室在张家铺，连的办公室在村里。我当时因为年纪小，没加入连队，我跟着生产队干活、大炼钢铁。在张家铺一块地上，垒的小高炉，当时因为垒高炉需要砖，大家就把坟地扒了取砖，拉回来，垒高炉。

那时候，我跟着生产队干活，给我算半劳力，给我 5 个工分。晚上大家也要干活，因为我才 16 岁，年龄小，不会使用农具干活，生产队安排我到老岚去给人家提灯笼刨花生。晚上过了 12:00，我太困了，提着灯就睡着了，连灯带我从山地的上沿滚到下沿，人倒了灯也灭了，灯里面的火油洒了满地都是，大家说这回好了，灯油洒了，可不用干活了。话虽这样说，为完成任务，大家还是想办法把灯点燃，一直干到天亮，一夜都不休息，这就叫拉大兵团。

大炼钢铁的时候，为了垒高炉需要砖，大家都去扒坟，我年龄小，我没扒人家的坟，生产队安排我跟着家庭妇女一起赶驴到莱山镇上山村驮铁矿石，回来炼钢，一天一夜要拉两趟。晚上，吃完晚饭，我跟着妇女们出发了。去的时候，妇女们骑着驴，我胆小不敢上，她们就撮着我把我撮到驴身上，回来的时候我们拉着缰绳，牵着驴，驴驮着 100 多斤铁矿石，一般半夜 12:00 多能回家。白天也要去拉。当时的口号是，“大炼钢铁，大战 20 天，大战一个月”，为完成上级政府给的炼钢铁的任务，大家基本不休息，实在困得受不了，就偷着睡会儿。大炼钢铁炼了一年就停了。

1959 年开始吃食堂，老百姓实行工资制，一个整劳力一个月给 10 元工资，半劳力给 5 元。当时全村 9 个生产队，每个生产队一个地方吃食堂。各个村、公社都贴大字报，晚上非常热闹，炉子冒烟，大炼钢铁。1958 年，老百姓个人家庭的粮食都交给了生产队，一天三顿都去吃食堂，早上天一亮，先干活，干完活就回去吃饭，食堂的司务长负责分饭，吃的有地瓜干、地瓜、窝窝头、大白菜熬菜汤，大人能够分到一个窝窝头，小孩分半个。

1959 年吃食堂热闹了一年，后来又恢复了原来的状况，各回各家，回生产队干活。在生产队，因为我干活偷懒，不认真干，一般只能挣到七八分，一直到 1966 年“文革”那年，我终于挣了十分。1967 年，镇上水库大坝厚度不够，需要加固水库大坝，因为我在生产队不认真干活，大队派我出去水利队出外工，只要任务是用小车推泥土加固水库大坝，干了半年多，非常累。

三、保管会计和队长

1963 年大队成立了科学实验队，老百姓称为技术组，我到科学实验队，干了一年保管，保管村里的物资、实验田收获的粮食、瓜果、蔬菜，比如，不同时间段种的玉米，不同品种的玉米等都需要分类保管好，给大队做农业生产的实验保留实验果实，以便培育好的种子。保管的工作还包括给社员记工等，整个工作也比较复杂和烦琐。从 1964—1967 年，我又干科学实验队队长，共干了 3 年。主要任务是负责做实验，给大队的生产做参谋，比如，哪个品种好，产量高，适合种植，如何预防病虫害等。1967 年生产队五队队长让我回来做保管，就是现在说的出纳，干了两年保管，1969 年干会计。保管要管理整个生产队的仓库，包括物资、粮食、钱等，每个生产队都是独立核算的单位。春、秋两季要管理好物资，秋天要管水果的销售和销售回来的钱，会计负责整理生产队的账目，我负责管理好物资和钱，要按照会计的账走，一分钱都不能差。会计手里有四本账，包括收支账、往来账、实物账和物资账。收支账记录的是老百姓收入和支出的账，往来账记录的是生产队往来收支的账，实物账记录的是生产队的工具、收获的粮食、瓜果、蔬菜等，物资账记录的是生产队的物资。

1969 年我干生产队会计和团支部书记。会计是生产队的主要人物，做会计的时候，每个月有四天算账，剩余的时间和其他老百姓一样参加劳动。秋天忙完后，天天在家算账，四本账必须要对起来，差一分钱都不行，如果对不起来就得从头到尾挨个查账，特别麻烦，要不人家老百姓就说被会计吃私了，必须要一点一点查。我干会计的第一年，有一次，我的账实在对不起来了，查了三天三夜也没有查出来，没办法找来我们生产队的老会计姜典清帮忙查账。会计不仅要记收入的账，还要记支出的账，每年分地瓜，分粮食的时候，每家每户都要一笔一笔记清楚，记不清楚就比较麻烦。团支部书记分管每个村的青年工作，叫中共青年团回里镇委员会，主要任务是搞各种活动。

1972 年我开始干我们生产五队的队长，我们五队有 300 多人口，大约有五六十户，是个大队，这 300 多人的吃喝拉撒都是我管着，我掌握全队的事，给社员安排活。我们生产队有一个队长，两个副队长，一个会计，一个保管，两个委员，组成了队委会。当时每个生产队都独立核算，各个生产队之间有比较，剎劳动日（当地方言，意思是统计每个劳动日的每个劳动力的价格），当队长的压力很大，多挣点钱，这样社员也能多分点。为了多挣钱，我想尽了办法。比如，我们生产队有个马车，农闲的时候到外面去拉运输挣钱。春秋时候，组织我们的社员到山上砍柴火，卖给西孔家庄，他们那里有个烧盆的窑厂，需要柴火。另外，我还到外面去联系活，到烟台，福山找挖土方的活，需要多少人，我就组织村里的社员去干。生产队的粮食分配也是我管，等粮食收回来，保管和会计算账，把收的粮食包括公粮、口粮等折算成钱，就是生产队当年的劳动收入。村里的劳动也是我安排，那时候大部分社员为挣工分都挺积极的，也有些懒的，偷奸耍滑的，我们生产队就不要，让他们到大队出外工。

干生产队长我一直到 1975 年干到上半年，下半年开始我到大队，担任分管生产的负责人，叫村主任相当于大队长，管着全村的农业生产、分配，管的事更多了，其实就是村里的二把手，书记是一把手。我干大队长到了 1987 年。

四、生日当天把妻娶

1967 年腊月十六我 25 岁生日那天结婚，妻子是原牟平县观水镇的，离我家 18 里地，当时她 21 岁，我比她大四岁。村里姜德伟的妈妈给做的媒，她是我媳妇的叔伯姑姑。结婚前一天，我二哥推手推车到她家去，把她父母给的嫁妆推到我们家，当时她父母给了一个放衣服的大木头箱子，两个杌子，一床被子，一床褥子，她家兄弟姊妹 12 个，九个儿子，三个女儿，父母非常累，我结婚的时候，她的弟弟，老九才三岁，当时还是她大姐抱着呢。看到家里这个情况，结婚后，作为女婿的我经常帮她父母做一些力所能及的事情，借生产队的马车帮他们家盖房等。

结婚那天早上 7:00 左右，我堂兄弟三个人骑自行车到观水镇，驮着我媳妇还有一起送她来的两个娘家亲戚，媳妇的姐姐和姑姑，大约 10:00 多来到我们家，来到我们家后，我姐姐在门口把媳妇领进门，上炕，媳妇向我父母问好，改口叫爹妈，然后家里亲戚一起座席，当时我家条件还不错，摆了三桌。结婚后，我们和父母一起住，我们家共有五间房，我父母住三间，我们住两间。结婚后，我媳妇就加入了我们生产五队，一起参加劳动。春天上山，锄麦子，收麦子的时候，男劳力把麦子收回来，妇女到场院里用铡刀把麦子偷铡下来，然后晾晒。秋天到场院剥玉米，到地里抠地瓜，装筐等。

我们家有三个孩子：两个闺女、一个儿子。最大的闺女 50 岁，二闺女 48 岁，小儿子 46 岁，他们都在福山上班，比较忙，过年、过节回来看我们。

五、治理有方任书记

1987 年以后我干村里的书记，一直到 1994 年。其实 1985 年村里，就让我干书记，我不愿意干，后来 1987 年没办法了，只能干了。我在村干部的位置上干了 20 年，期间经历了很多事情，既在集体经济时代干过干部，也在单干时代干过。

从 1975—1983 年，是集体经济时代。这段时间主要干村里的活，我管着全村的生产、分配，挺复杂的。春天，全村 1 300 多亩的小麦要浇地，我要安排扬水站的工作，检查扬水站是否好用，排好浇水的顺序，看看有没有耽误的，有没有浪费水的等。春耕生产，安排春耕、春刨，不失时机地掌握生产环节，提前把地整出来，为了容易管理、容易浇水。春天布置庄稼的种植，按照政府给的生产计划和村里的实际情况要纳入计划以内，各种农作物，比如，麦子、玉米、花生、地瓜等安排多少亩，已经种了多少，还剩多少空地等得提前计划好，政府在春天安排机关干部到每个村监督工作。当时我们经常开会，还会另外安排其他的活，比如，老百姓用电不好的时候要改线、换电表，校舍改造，计划生育等。春天的工作特别多，虽然计划生育，不归我管，但出了问题两委尤其是我这个大队长必须得跟上去。

夏天，收小麦，晾晒小麦，一年两季夏粮和秋粮的征购任务，上级给征购的数量，生产队要准备好。夏粮就是小麦，秋粮包括玉米、花生、地瓜干等。

1983 年以后，开始体制改革，单干了。村里的活更多。春天搞花生地膜覆盖，老百姓不认识，都得村里干部出去学习，回来后详细教老百姓怎么做，开始老百姓还不接受，嫌花钱多，给他们讲，他们不听，没办法干部们先实验，第二年老百姓看都好处了，才慢慢接受。

每年春天区里有三次集资是我们干部最头痛的事。虽然国务院三令五申要减轻老百姓负担，但当地政府没钱，只能集资。区里将集资任务分配给乡镇，乡镇分配给村里。集资说白了就是向老百姓要钱，难度相当大，老百姓都穷，没有钱，不交集资款，村里集不够数量，没法向上级交代，最后只能两委成员分配，缺口的部分几个成员分摊，拿自己家的钱填补。我任书记的时候没办法，就对两委成员说，“怎么办，老百姓没钱咱要不上来，你们也知道，心里也明白，咱们不可能为了集资钱和老百姓脸红脖子粗的得罪人，没办法咱们就分吧，如果没钱不交，那你这个大队干部就不要干了。”两委成员都比较配合工作，集资款少多少，我们几个人就平均摊多少，没钱的只能去借钱交集资款，那个年代乡村干部太难了。

1992 年开始缴养老保险，老百姓对这个问题不理解，不但没人交，还七嘴八舌地议论纷纷，认为这个钱不如存银行，不能交。但上面政府分摊任务给村里，村里工作进行不下去，没办法，我们还是两委成员平均摊派。

让我们干部头痛的还有三提五统，就是村要交的三项提留和五项乡统筹。三项提留，包括公积金、公益金和管理费，是村按规定从农民生产收入中提取的用于村的维持或扩大再生产、兴办公益事业和日常管理开支费用的总称。五项统筹，是交给镇的钱，包括农村教育事业费附加、计划生育、优抚、民兵训练、修建乡村道路等。从 1982 年开始，每年年底我们村最早交 18 万元“三提五统”款给政府，后来要交 23 万元，一直交到 2006 年国务院下政策取消农业税才结束。这个钱就得平摊到老百姓头上，每人交 150 元，大部分老百姓比较老实能交上，也有就是不交的，去收钱，他就说，你们杀了我吧，我就是没有钱交。我们也没办法逼人家交，没办法汇报到镇上。到镇里开会的时候，散会后，领导就让我留下给我做工作，没办法，回来再收，这个工作反反复复得收好几次，工作量非常大，我们也不愿意得罪老百姓，但得完成任务，没办法，最后实在交不上的，就是我们村干部平摊。1986—1988年，镇上有的村还因为集资收款的事闹得比较大，甚至出了人命，乡村干部太难了。

相对来说，现在的村干部工作压力要小很多，不收集资款了，不收三提五统了，不收电费了，也没有校舍改造等事情了。不仅不收钱，政府还给钱。过去是政府花村里的钱，现在是政府给村里钱，变化太大了。想想我们当年的工作，我经常说我的嘴就是肉长的，如果是铁的，也早磨没了。当年我们农村干部的工作真的不容易，有时候老百姓不满意，还骂人甚至动手打人。这些年好了，政府给村里的工作支持多了，没有这些收钱的事，村里也没有打仗的了。

六、解甲归田做生意

1994年，我从村书记的位置上退下来后，也不能在家闲着，先在家贩苹果，一直干到1997年。我在村里收苹果，然后雇人包装，雇大卡车运到南方的江苏、安徽宣城等地卖，我们村有人以前在南方卖过，有市场，在安徽我们村就有人在那儿租的门头，我给他供货。1995年那年冬天，我在东北黑龙江省的黑河住了一个多月卖红香蕉、花皮和青香蕉等苹果，天特别冷，挣钱太不容易了。因为我常年在村里当干部，对外面的市场不了解，价格高，质量把关不严，都是乡亲们的果子，不好意思太严，但没卖出高价，还有温度没法控制，不知道怎么保温，苹果烂了很多。再加上我不懂市场里的道道，不会干那些违背良心的事，贩苹果这四年我赔了四万多块钱。

1997年冬天，我看到贩苹果没有出路了，在农闲时候就改行贩驴。

我们三四个人到临沂苍山、沂水、滨州庆云县等地找当地的驴经纪人买驴,住在驴经纪人家里,买好驴雇车拉回来,回家后杀驴卖驴肉,一趟大概要5～7天。天冷,贩驴也挺遭罪的。做这个生意也赔了两三万块钱。因为刚干,不太懂行情,买得驴价格高,费用高,收费很多,包括中介费、检验费、市场管理费等项目,回来没考察好市场,卖不出高价钱。我干了4年左右,一直到2000年,净出力不赚钱,加上年纪大了,闺女不让干了。

七、回归田园种果树

回家后,我就干起了老本行,种苹果、樱桃等。农闲的时候,到烟台、福山、开发区等地揽绿化的工程,找村里的人一起去干。当时跟河南的老板干活,干完活老板带着钱跑了,没付给我们工资,我揽的工程,我得付给工人工资,从2000—2013年干了14年,我赔了十几万元,那些老板到现在还欠我的钱没还,要不回来了。2013年回来后,就和老伴一起种庄稼和苹果,现在基本够零花用,还有国家给的老人补助,生活过得还可以。

姜学明

访谈时间:2017年12月20日

访谈地址:烟台福山区回里镇善疃村

采 录 人:张雯雯

人物小传:姜学明,男,1924**年生,烟台市福山区善疃村人。**9**岁上学,**15**岁下学后,先后去往大连、青岛当学徒。后回村担任生产队会计,在狮子山阻击战中去前线送饭、抬担架转移伤员。“文革”期间将姜氏宗祠的字画偷偷保管起来,至祠堂修复时拿出。**

一、大连青岛学徒工

我1924年出生在善疃村，家中排行老二，还有一个姐姐，一个弟弟。我有四个叔叔，叔叔们年龄小和我父母一起生活，家里事都指望我父亲。但在我四岁时，父亲去世了，我母亲拉扯着我们姐弟三个和叔叔们一起生活，家庭非常困难。到我叔叔们十七八岁的时候，家庭富裕点了，才有点钱能让我上学。我九岁开始到祠堂小学上学，念了六年书，因为家里穷，没有机会去福山继续念书，15岁下学，当时能在村里念完六年级也算很不容易。

那个年代，下学后大家想出去学点手艺，但大部分人没有机会，只能在村里种地，砍柴等。因为我堂哥在大连帮忙给我找到了活儿，我就跟着他们去了大连。那个时期大连被日本鬼子掌握，我在一个买卖家当学徒。我在那里干了4～5年，干到20岁左右。因为当时日本人对大连粮食控制紧，而且所有的东西都是按票供应，有几口家就给多少粮、菜、油，拿票去买，当时给中国人吃的粮食都是苞米面、玉米面，分量少，根本不够吃，还补充一些柞木籽，这些根本不是人吃的东西。

我妈听说我在那里吃苦遭罪，就让我回家。可我不愿意回来，因为当时干得挺好了。后来我妈着急了，就打电报给我，说我爷爷身体不好让我回家。我知道他们是骗我的，就没回去。后来是我肖水口村的姨夫，当时也在大连打工，回家串门时碰上我叔，就让给我捎句话，说让我回去，我妈记挂着我。我当时还是不愿意回来，就说干得挺好。我姨夫就劝我说我妈一直不放心我，心疼我。最后没办法，我就把工给辞了回家了。

回家后，因为我从小没怎么种过地，家里也用不到我。刚好我邻居有在青岛的，就介绍我过去干活儿。当时没有交通车，坐了一辆拉货的车。我早上走的,1 天才走到莱阳,第二天才到青岛,交通不便。我在青岛一共住了四五年,后来就有八路军了。

当时我们村有个叫陆德宝的买卖人,跑运输,骑自行车在我们家和青岛间来回,顺便带人。有一次我上街办事就碰到了他,因为是自己村的人,好几年没见了就多说了几句话,后来去小饭店吃饭喝酒,拉了点家常。他问我出来几年了,不想家吗,我说想家又能怎样。他说你要是想家,我可以把你捎回去,我就说我不想家。还听说咱们这里有八路和游击队了,我就不愿意回家。

第二回他又去,我们又遇到了。他说这次回家没有拉到客,就把我捎回去吧。我还是不愿意回去,怕回不来了,而且也听说家里挺乱的。他说没事,肯定有办法再把我带回来。三说两说就把我说服了,就跟着他回家了。

回家后共产党已经安排下了,有社区什么的负责管理。第二天我出门,遇到小学同学,他加了共产党在区里干工作,一看我回家了还挺吃惊。过了两天,区上就有人来叫我,说我成犯罪嫌疑人了。因为我有个邻居成分不好,偷偷跑去青岛了,说我在家和他通消息。他们就把我叫去审问我,我说我在青岛干的是正经营生,当时区上不信,每天审问我两遍,我在区里蹲了两个礼拜。当时区长是善疃村姓刘的,叫刘义芳,我和他们家关系挺好。审了两礼拜也没审出什么道道,因为咱本来也没问题。当时看得紧啊,白天是青妇队看管,晚上是民兵。两个礼拜后,区长说我给你写了封信,你拿着去福山区公安局吧。那是在 1947 年,去到了公安局,不知是局长,还是什么人见得我,人还挺好,给我找报纸看,说现在咱们中国的形式如何,又问我什么时候回家的,我说在区上蹲了两个礼拜,他又问我什么时候回青岛。我一想他们怀疑我是犯罪嫌疑人,还蹲了两个礼拜,就说不回青岛了。他就说你别不回去，我说我回去干什么。他说你该回去还回去，你回去时，上我这里来一趟，我给你写封信你带着。

等到晌午，他就让我回家了。当时村里有村政府、民兵什么的，经常把我叫过去问话。我就说你们不用问我，我在县政府都打了报告，不回青岛了。所以我后来就没回去，一直在村子里待着。

二、结交朋友友谊深

1947 年青岛解放了，之前都是日本人说了算。也是学着做买卖。当时因为没有本钱，只能跟着别人干。当时我回家时，铺盖什么的都还撂在青岛，是陆德宝给我带回来的。

铺盖是和我一起干活的人帮我收拾的，他比我小一岁。他爹原来是这家买卖人的东家，临死的时候，嘱托掌柜的，帮忙拉扯儿子，掌柜的把他安排在柜上。我去得比人家晚，但是相处得挺好。他是胶州人，他爹死时，他已经结婚了，他妈和他老婆就开了个小磨坊维持生活。后来他告诉我，他老婆要生孩子了，我就开玩笑说，以后你孩子要叫我亲爹才行，他答应了说好啊。等到以后孩子生了，是个闺女。当时他没告诉我，等到过满月时，说中午去他家吃饭。我说干什么，他说你忘了自己说的话了吗？我问我说啥了，他说你不是让孩子叫你亲爹吗？没办法，我就买了点东西去他家了。

当时在大连、青岛的朋友不少。刚回家时还有通信，后来乱起来了，有日本鬼子什么的，乱哄哄的，慢慢就撂下了，没怎么联系。我青岛的那个干闺女，她爸、妈、奶都在青岛。刚回家时，还有经常来信说话，等到乱的时候就没联系了，之后也不知道人家过得怎么样。不知人是死，是活，还在不在了。

1949 年，青岛刚解放的时候，就想回去找朋友转转，又一想不能去,你也不能就这样空手去,得拿着点东西,咱家里又没什么好东西。另外好几年不见面了,也不知道见了该聊些什么。不是不想他们,真的挺想的。

人交朋友也好,走亲戚也好,就算之前很熟,如果时间长了不来往的话,也就没有意思了,去了也不知道人家有没有时间接待。我青岛的干亲家比我还小两岁,也不知还在不在了。

三、分家无房生活难

虽然我们家是下中农,但因为家口大,生活不好。家庭大了不好管,再加上当时的年代乱,就想着分家。"大一分小,小一分了",分完两次,我们家就没有分到什么东西。

1947 年,我们家和四个叔叔把家分了,分的东西不多,地也没多少。等到 1949 年和我兄弟分家,就更没有东西了。也没有房子,也没有东西。当时我和我弟要分三间房子,老妈说房子她要住,不能分给我们。我弟是共产党员,在村里当会计,村里人都熟,手里也有几个钱,很快就在村里找到房子了。

可是我不行,没房子。开始,我们就在我四叔房子的厢屋住,但是房子也不宽敞。因为我四叔过继给一个远方爷爷,就把房子卖给了我,我才有房子了,两间大房,两间厢屋。后来有家姓林的,他家房子多点,就在人家厢屋家住下了,搬去住了一年。以后我就在现在住的那个地方盖了几间新的。

后来三个儿子都大了,想到娶媳妇还没房子,就在西边一口气盖了八间房子,给大儿子下面的房子,上面的房子分给一个儿子四间。我的这八间房子,其中,有三间是五叔帮忙盖起来的,盖屋子时,村里人还帮忙垒石头墙。现在这些房子还在。

四、会计尽责反被冤

村里成立农业合作社以后，我一直在生产队干会计，大约是 1954 年，一直干到合作社解散。因为我念过几年书能识字，家里成分也好，是下中农。

当时村里有一个大队，七个生产小队，生产大队有村里的总会计、总保管。我是生产队的会计，有七八十个人。当时的会计干两样营生，就是会计和保管。我的工分是生产队报的，早上跟着上山，到晚上是十分，不上山就是八分。七个生产队我干过 5 个。因为有时某个生产队的会计被撤下来，就把我调过去。

我干会计时，半点私心都没有，只想着怎么对公家有利。赶上有次"四清"运动，挺严肃的。当时上面下来个工作组，开生产大会，就问会计和队长的表现，有没有做坏事。我有次得罪了个人，就被冤枉了。

春天种花生时，把妇女叫到一起挑种子，有个妇女领着一个六七岁的孩子去了，那孩子穿着厚袄，装了两口袋花生。我在家吃饭，去检查时刚好看到那个小孩往外跑。当会计的就要管，我就叫住他，说别跑，就发现他偷花生。不过看他还是个孩子，就把他放走了。后来我就和那些妇女说，这些花生是咱们留的种，是要种的，不能随便让孩子拿。当时我说完没有人说话。我知道那是谁家孩子，但是没有提名字，只说了这些话。结果那个妇女就对我有意见了，心里记恨我。等到明年种花生开大会时，为了整队长、会计，只叫去了普通的村民。那个妇女就冤枉我，说我偷花生种，还偷了多少斤。后来工作组就来找我，也没直说我偷花生，就说生产队的人对你有意见，你好好反省反省。当时我被整得都不想活了，我就和老伴说要不咱们承认了吧，整天整我，我受不了了。我老伴说不行，咱没做这样的事情，为什么要承认。后来我就去找生产队长说明情况，那个生产队长是个老党员，就去找工作组了，说偷花生的事情根本就是胡说八道，挑花生种时他也在，根本没有这回事。当时有两个工作组，知道冤枉我了，就来我们家给我道歉，承认错误。当时我差点死了，因为觉得窝囊，冤枉。

从我干工作开始，从来没有干过私事，不敢办，胆子小。但是当时工作组不这么想，他们说你们当会计、队长的，有管粮食的，有管钱的，你们能不偷点？说"常在河边走，哪有不湿鞋"。

那个时期赶上运动，什么"四清""三五反"，干会计、队长的都要挨整，说有各种毛病。可是干了这么久，遭罪也好，现在什么待遇也没有。我干的年数是不少，但是没有什么用。我老伴还经常说我，你白操心了一辈子，什么也没落下。但现在村里没有人说我干过坏事。

五、前线送饭抬担架

我从青岛回来没多久后发生了狮子山阻击战，是在 1947 年。当时村里广播，自愿报名去送饭。因为我觉得自己是壮年，人家都去，咱不能不去，就报名了。当时四个人一组，送一个班的饭，送到了最前线，每班派一个兵下来领饭。也没想到会那么危险，有炮弹，也有子弹，稍不小心命就没了。我们送上去，那个领饭的兵却找不到部队了，就让我们在那里等着，他去看看情况。我们就偷偷趴在围子底下等，那个兵后来再也没回来，也不知道怎么样了。当时真的是危险，差一臂距离我就被子弹打中了，幸亏有围子挡着。之后我们就跟着大部队撤下来了，还抬了个伤员。因为伤得重，路上就死了，我们三个人一直抬到西黄山，后来就交给八路军，之后才知道那个人是狮子山阻击战的指挥员。

六、保存字画意志坚

姜氏宗祠的字画我偷偷保存了50年，一共12幅，从“文革”时期开始，一直保存到现在祠堂修好才拿出来。

以前宗祠的祭祀是轮流的，10家一组，轮着来保管宗谱、供神主，一年轮一次。我是组长，就负责保管着宗谱和字画。轮到下一组时，他们组长就把宗谱拿走了，还拿走了蜡烛。

那一年正赶上“文化大革命”了，学校什么的都在倡导“破四旧，立四新”，都不要旧的东西，不让继续供养宗谱。那个组长是个贫民代表，上面号召不供养，于是他就把宗谱给烧了。

字画没有被烧是因为被我保存下了，他不知道。因为当时家庙被毁了，没地方供奉，就把宗谱什么的拿回家，过年的时候供奉。我当时供奉的那个房子小，因为宗谱太大，墙上挂不开其他的，就没挂字画，把字画放家里了。等到下个组长去找我要时，我没把字画拿出来，所以，他一直不知道。

我当时想的是不让供奉宗谱只是一时的，不会一直不让的，就把那些字画偷藏在家里的木箱子里，除了老伴，其他人都不知道。当时保存这个东西是犯错误的，是犯国法的。虽然是这样，但是我就一直相信以后这个家庙是非修不可的，就这样一直偷偷保存了50年。后来还有收古董的人听说我这里有老物件就找到我们家，我们也只是说没有这回事。

修宗祠时，我也没和他们说我有保存这些东西。当时他们还以为老宗谱在我家，其实没有，早就没了。后来他们又去问我，我就和他们说我也尽力了，现在家庙修得差不多了，我就把字画拿出来了。因为年数多了，字画上有破碎的地方，修补就花了一万多块钱，修得和新的一样，现在这些画就挂在宗祠里面。

现在我挺知足的，生活上没有多大困难，还活到90多岁，四世同堂，有三个重孙子，一个重孙女。现在的生活好，共产党政策也好，和之前的生活真是一个天上，一个地下。

姜德伟

访谈时间：2017年12月22日

访谈地址：烟台良润建材有限公司

采 录 人：王慧清

人物小传：姜德伟，男，1958年阳历12月生人，烟台市福山区善疃人。9岁上学，15岁下学，17岁参加"战山河"运动，先后参与过功德桥、善疃水库、水渠的修建工作，22岁，一个人盖了六间房，23～28岁从事瓦匠，29岁开始正式单干，39岁正式开启建立企业的征途，46岁开始为村修路建桥，58岁组织姜氏后人修复祠堂编纂姜氏族谱。

一、年少辍学多磨难

我记得小时候一个村有一个小学，善疃小学的一年级到四年级大多是两个班，分别安排在东窑、羊棚子、北庙、东沟马蜂房四个地方，每换一个年级就要搬一个地方。我从小在善疃小学读书，先后在这些地方上过学，一直读到四年级。说起四年级的辍学经历，这其中有一个我至今都印象深刻的故事：

1972年春天，也就是我15岁读四年级的时候，福山区正开展"141大会战"运动，以"集肥一方，造地一亩"为口号。我当时是小组长，负责到老师那里取宣传稿。那天正好有语文考试，我不小心拿错了稿子，被负责教语文和数学课的姜国斌老师发现了，说我"思想不行"。那天放学后，我走在回家的路上，有一个同学踩到了我的鞋子，我当时正郁闷呢就打了他一巴掌，又被走在这个同学后边的姜老师看到了，姜老师和他家还是邻居，老师当时生气地说回头会拾掇我。我当时就不想再上学了，主要是老师说我“思想不行”，在那个年代这是很严重的评价。后来我爸还找过老师，他们也认识，老师也找过我一次，家里也因为不愿上学这事儿说过我，但我最终还是选择了主动辍学。

我们家里曾经是村里最有钱的，在我八岁那年，父母离婚了，家里就渐渐败落了。当初先跟着父亲生活，后来父亲再婚了，我就转而跟着奶奶生活，到了15岁的时候，才开始重新跟着母亲一起生活。我们一共弟兄三个，我是老大，俩弟弟分别比我小四岁和六岁，那时候家里劳力少，很是穷苦。所以我自小就很能干、很能吃苦。15岁放学时，我开始在生产队的五队干活，那时候年纪小，从人家种瓜时我负责简单的浇水工作开始做起，慢慢过渡到放牛放羊。那时候因为年龄小未成年，挣的工分少，只有四分。1974年，我17岁的时候，被调入专门搞建筑的专业队，参与了功德桥前身的初期工作的建设，后来参加了战山河运动修建善疃水库，在农业学大寨时期曾多次随着战山河队伍到别村工作。当时整个回里镇有700多人参加战山河，男女都有，还有一个妇女连。那时候是统一的军事化管理，有总指挥，还设有连长、排长等岗位。住宿也是看情况安排，一般是离家近的时候回家住，离家远的时候就统一住在宿舍里。一直干到21岁，我才回到村里，还去修了一年水渠。

22岁时，我开始给生产队拉马车，主要是往山上拉土、拉粪，那时候只有我们俩人负责这个活儿，还包括装车、卸车等工作。一天拉几趟也是看情况，不好说。累是累点，但是当时我已经可以挣到十分工分了。只不过当年我曾被马踢掉五颗牙，这个事情现在想起来还历历在目：某一天下午，我赶着三匹马去拉粪，赶其中一匹的时候被另一匹马给踢了，当时踢掉了几颗牙。那时候年轻，本来没当回事，结果晚上回家后一直吐血，在回里镇医院也治不了。第二天才赶紧坐火车去桃村医院，在火车上和医院里晕过去了一共三次。后来医生看过之后，把其他快掉下的牙一起拔掉了。当时也没住院，看过医生之后，很快就回家了。

二、独盖新房当瓦匠

说起我这一生，就是干瓦匠有天赋。最自豪的事情，就是 22 岁那年，自己一个人盖了六间房子。这事儿还得从我 16 岁说起，那时候上山干活，我就开始推着小车找石头，把石头从山上推下来，带回家准备盖房。那时候家里穷呀，兄弟又多，家里只有三间草房子，还是原先饲养场的办公室。所以是被逼无奈，不得不为住所早做打算。相应的，我去帮其他人家帮忙盖房的时候，也有暗自学习砌墙等手艺活，为后来自己盖房攒下了技术基础。

我从医院看牙回来之后我想把居住条件改善一下，就开始自己动手盖房子，石头是之前攒下的，砖是买的，除了屋顶是请人盖的、弟弟偶尔会来帮忙以外，都是我自己盖的，一共盖了有七八个月。那时候在房屋的设计上还费了些心思，比如石头接缝的纹路就很有讲究，走近了才能看清。房子建在宗祠西边，盖好之后我和弟弟各三间。现在是我小婶住在我那三间房子里，我弟弟那三间现在是我三姑在住。这个事情我印象很深刻啊，这是我们村唯一一所自己盖得房子。当时没想那么多，只是家里穷想改善居住条件。现在想想，也很是满足、自豪。

23 岁的时候，我加入了村里的瓦匠队，开始正式从事瓦匠这一行，一直干到 28 岁。在瓦匠队的时候，队里一共有十来个人，主要是在本村和邻村盖房子。平时干活的时候，一般是一家三四个人，多的话是五六个人，很辛苦，对每个瓦匠工的要求也挺高，要求相关的各种活儿都要学会。刚开始给村子里干，那时候是干大工，工分可以挣到10分。当时村子里只有这一帮瓦匠队，所有相关的活儿都是我们这帮人干，其他村子没有瓦匠队的只要有活也找我们这帮人干。1981年瓦匠队分成几帮，也就是我24岁的时候我们开始单干，我自己组建了一个小帮，还是跟着有经验的老瓦匠工学习。我们开始在本村和邻村揽活，也到回里镇干过，最远的地方是到26军干休所。

25岁的时候，我出于挣钱多的考虑，就领着其他四个人，我们一共五个人到沈阳干瓦匠活儿，当时是住在老乡家里，雇主负责管伙食。那时候在家里一天能挣1.6元，在东北，每天比在家里多挣七毛钱。那时候东北地区经济条件比我们好，瞧不起我们，当时东北人管山东人叫山东老垮，那段时间在东北一直受气，因此，我们一共才干了81天就返乡了。回来后，我还继续干建筑，只是出去打工了，在华丰村的一个建筑公司干了半年。后来到西木村跟着一位叫初凤学的个体老板干了一年，干到28岁。29岁这一年，我到回里镇的王源塘村，给那里的一个老板当了几个月的领工，当时管着他家的20来个人，不干活只负责管理。我也不知道他为什么请我过去当领工，可能是我干瓦匠有天赋吧，哈哈。反正当时我在瓦匠界口碑很好。这么说吧，人家挣5元，我就能挣到15元，这也算是口碑和能力的一个证明吧。

三、用心经营稳创收

29岁算是我刚起家的转折点，从一直跟着人家干活到正式单干。那时候和姜典朴一起合作包工给公路局干活，开始包工修桥，从领工变成了包工头。我们两个包工头自己揽活，招人干活。最开始是20

来个人，大部分是咱村里的村民。我们俩一起干了两年半到我31岁，他就不干了。从那以后，我一直给公路局干了好几年。我干活比较细致较真，在海阳、牟平、招远、栖霞、莱州、长岛、开发区、福山都干过，混凝土的活儿都是我负责的，渐渐树立起了口碑。当时还没有成立自己的公司，一直是以包工头的身份跟着公路局干活。一直到1992年，我35岁开始作为开发区的胜利建筑公司的一部分，跟着这一建筑公司盖楼，挂靠铁路局。

前期做建筑、修桥等工作积攒了些积蓄，自1996年起，我自己开始成立公司。1996年，我在开发区买了兴顺加油站成立公司。1997年，我买了开发区的兴顺液化气站，至今还有。1998年，我承包了在开发区的宝祥液化气站，现在已经没有了。1999年，我组建了钢模租赁公司。2000年，我买了福山南涂山液化气站，现在还在运营。2005年，成立了兴顺塑料有限公司。2009年正月二十，开发区的兴顺液化气站搬迁到开发区北京南路；同年，成立德丰精密板筋有限公司。2013年，与另外两人合资成立现在的烟台良润建材公司。我这些年创业的经历大抵如此。别看我每一步都走得好像很有计划性，其实我很少设目标，只是每年的腊月三十的下午，我都会在办公室待一段时间，回顾这一年的经营成果、考虑下一年的大体想法。有些想法是随着新机遇的出现产生的，这得有相应的能力和准备才能抓住，因此，说规划不是固定的。但是我现在60岁了，已经完成资本积累，就更应该求稳，考虑到年龄到一定岁数容易突发病，所以我打算在这个企业再干三年就算是交工了。忙活到一定岁数，也该退居二线了。

说起创业过程中的困难，细说就麻烦了，因为太多了。企业要想干好，不可能一直一帆风顺，一环扣不住，就会倾家荡产。我经营了这么多企业，都遇到过不同的困难和风险，但是我都想办法克服，并坚持下来了。最大的坎儿就是1997年左右买液化气站和加油站的时候，因为我买的是企业，原来的职工有些跟着我干、有些就下岗了，他们分成了两帮人，一帮想把加油站买回去，一帮想把液化气站买回去，那个时候很伤脑筋啊。因为那些想买的都不是真心想经营，只是看到我买后，赚了眼红。当时闹了很久，管委还曾出面协调。我那时候没有社会经验，相关法律也不健全，还没有人脉关系来帮忙。最困难的地方在于我不知道、摸不清这个加油站的走向，也不是自己能左右的，那个冬天还曾自己开车去海边静心考虑未来。我感到无助茫然，因为这不是钱能解决的问题。说起这点我忍不住要提一下自己发展企业有个原则：量力而行，不能过多超越自己的能力，这也算是我这些年经营比较稳的法宝，所以我这些年办企业一般不会为钱所困。其实每次买下新企业后，都会面临着新的风险和挑战，因为破产的企业都是经营不好的，企业自身是存在发展问题的，那我就要对症下药，比如，这两企业我买下来之后，我用的都是原先的经理，因为刚接手我也不懂。当时我就告诉其中一个经理，给他40天拿出一个经营理念，如果没有大的改变，就换人。结果他没有达到我提出的目标，我就如约换人了，换人之后经营得一直不错。

要说起其中最开心的事情，也不少，但我认为最享受的是这不断创业的过程。从农村孩子出来，每办成一件事情，考虑的不是它能带给我多大利益，而是它能带给我多大的成就感。有一个企业就够我生产了，但是我在有能力的情况下，还是会投资下一个产业，因为这个时候想追求的是更大人生价值的实现。但是相应就得付出得也更多，到现在为止，我一年当中都没有礼拜天，早晨7:15到公司，晚上都是天黑以后回家，夏天天长的时候回家得晚上8:00。因为在接近下班，或下班之后，各种打扰都会少，像今天早上电话一个接一个地打进来，就没法静下来好好做事。我们管理层就常常利用下班前、后的时间，聚在一起商量事情，在没事的时候自己也静心好思考。

四、诚信行事赢贵人

老话说，天时地利人和，我很赞成这个观点。我认为企业要想经营得好，第一得用心；第二得好好做人，现在咱国家也讲究信誉，我觉着这点很重要。作为一个企业家，诚信与否是影响企业是否可以达到“人和”状态的很关键因素。

我这些年做企业，肯定会在很多时候需要资金周转，自己的积蓄有限，就需要资金支援，相应的就得向银行贷款、找个人借钱。我借个人的钱也是几千万元，都是从好朋友那里借，只不过是来自多家而不是固定在某几家，借钱的数目也是酌情。我的那些朋友也都很给力，几乎是有求必应，给了我很大的帮助和支持。虽然是朋友，可人家不会无缘无故的放心把钱交给你啊，所以说我能取得他们的信任，他们肯借给我钱原因也是多方面的：一方面是能力，他们会考虑我的发展前景，以及是不是有还款的能力；另一方面，人品和信誉也会非常重要，这是他们最终会不会把钱借给我的决定性因素。那我的那些朋友肯借钱给我，说明他们对我的人品是相信的，这算是以前的交往留下的印象吧。我经营企业几十年，碰到了不少贵人，印象最深刻的还是当年刚起步的时候。

刚开始创业的时候没有钱，特别艰难。说起这些年创业的经历，我一直对开发区东村李世华的恩情念念不忘。他比我大 9 岁，我们接触比较多，他很欣赏我的创业精神。1996 年左右的时候，他和女儿在我需要资金的时候先后多次帮我借钱 200 多万元，在精神和资金方面都给予了我很大的支持。他是我的贵人，我这一生都忘不了。

不管是经商还是做人，诚信最重要。数十年来我都是按照诚信待人的原则处事、经营企业，因此，赢得了很多人的帮助。比如，一次我到银行贷款，由于银行操作失误钱款没法提出来，我打电话请朋友帮忙，没想到他在最短时间内给我准备好了我需要的850万元。我如期在规定的时间内将本金和利息还给他。他借钱给我是相信我，我很感激；那我给他利息就是天经地义，这就是信誉。在我做生意过程中，类似的事情不计其数。靠诚信待人结识的朋友们帮助我渡过了一个又一个难关，我心里一直很感谢他们。

五、善心回馈疃乡亲

现在村里的乡亲们常常会将我对村里做的一些事情挂在嘴边，像村里有人生病捐款、投资重修祠堂等。但这些年来我一直在回避谈这些事情，因为我觉着这么做是应该的，没有必要细说、多说。

我承认自己为村里确实做了一些力所能及的事情，这个发自内心来说，我觉着有两点：第一，村里是生我养我的地方，我一辈子都会放在心里。第二，我现在有一定的能力和条件，我觉着力所能及为村里出力是应该的。

这么说吧，这些年来，老家有人找我帮忙的话，我会尽力而为，但是肯定不能达到每个人都满意，说白了就是尽量做好自己就行了。就像公司里面现在还有十来个自家村里的村民当员工，不比之前多了。不是因为我不想，而是因为现在大多工作对技术等方面有要求，再就是有些出苦力的活儿现在年轻人们也不愿意干。总体来说，我这个人做事有一个原则，就是基本上不考虑别人怎么看我，只是考虑我该怎么做，对善疃、对善疃的乡亲也是这样，无愧于心就行。

后　记

2016年10月，中国农业大学烟台研究院农业文化中心的十余名师生第一次来到善疃驻村调研。巍然伫立在村头篆刻着“善疃”两个字的石碑，准确地说是石墙，醒目又耀眼，似乎在诉说着这个山村的故事，让我们对她充满好奇。时任村书记的刘文峰带我们走街串巷，翻山越岭，将善疃的山山水水、大街小巷和风土人情娓娓道来，言语中不经意流露出的那种自豪之情让我们对她充满期待。那时候姜氏宗祠的修建工作刚刚开始，“苹果小镇”的宣传海报也尚未挂起，但这个以善为美的胶东村落却以她自然淳朴的独特气质勾住了我们每个人的心房。

正所谓“善山、善水、出善人”，善疃的“善文化”像是拥有一双点石成金的妙手，轻轻一点，不仅使得这里的山水都沾染了善的颜色，哺育了世世代代质朴仁厚的善疃人，还使得素不相识的异乡人忍不住驻足，期冀采撷一点善的气息。我们也不禁反复地追问，在这一方山明水秀的土地之上，善缘文化因何而生，又为何可以经受得住时间和变乱的考验，走过物质短缺的年代，在充盈丰盛的当代仍然在一辈辈善疃人的心底生根发芽，历久弥新。

2017年11月，我们一行人再次来到了这里。一年之后再聚首，我们看到气派的姜氏宗祠、古色古香的老年活动中心以及相关配套设施已经落成并投入使用，却有些惋惜地发现一位曾经访谈过的姜姓老人姜典清已经离世。仅仅一年的光景，就发生了诸多的变化。不变的是供销社门口那些聚在一块儿唠嗑、晒太阳的老人们，那安详又满足的神情宛若当初。

姜典清老人的离世除了让我们感到惋惜和遗憾外，更让我们感到村落文化志工作的紧迫性，仿佛我们刚发现了一座宝藏，还没来得及将自己的喜悦和这份宝藏的珍贵同更多人分享，却发现它的一部分已经不翼而飞，只能从大家的记忆中找寻，并努力拼凑它当初的样子。哪怕还原出的样子再接近原貌，它也终究不是我们想要记录的样子，忍不住掩面叹息。2016 年在姜典清老人家的炕上，慈祥的老人对我们娓娓而谈的情景不禁浮现在眼前。这件事对我触动很大，以至于我在之后的日子里不止一次扪心自问，面对那些即将消逝的村落记忆，我们能做些什么？孙庆忠老师曾说，"没有哪个老人等着你采访之后再赶赴黄泉。"乡村的记忆，乡村的根和魂留在老人们或完整或零散的记忆中，留在村中尚存的老建筑、老物件中。但老人们不会等着我们采访之后再赶赴黄泉，城市化、农村现代化的发展也不会因等着我们的访谈而滞步不前，现在这些记忆就在我们的访谈中，我们的记录中，我们的文字中。

我开始重新思考，我们这种民俗调研工作的目的何在？不是单纯的记录乡村的趣闻轶事，而是在争分夺秒地抢救即将遗失的村落文化。面对这些行将消逝的村落记忆，我们想试图做些什么、试图挽救什么，却忍不住感叹自身力量的弱小无力。或许，我们的确人微言轻，但是走进田野去行动总要优于站在校园里留在书院中叹惋村落记忆的消逝要好，挽救了一个村落总比一个都不管不顾要好。我想，这就是我们行动的意义吧。我们的努力，对世人、对千千万万个村落，可能看起来无足轻重，但是对这个村落来说，对村落中传统文化的挖掘、对村落中的代际传承、对村落的来路和归处，都意义非凡！每每想到此，又对我们的工作倍感自豪和骄傲。这种紧迫感，这种自豪和骄傲是激励我们前行的强心剂，在建设现代化农村的今天，以我们的笔记录乡村的昨天和今天，留住乡村共同的文化和记忆，留住现代社会砥砺前行的根和魂。

回首那段与善疃相拥的日子，我们曾一起爬到狮子山顶听老人们讲述阻击战和红枪会的革命故事，也曾一起坐在早晨集市的街头品尝村民特制的面鱼和豆浆，还曾一起聚坐在果园里记录红樱雪果二三事。我们几次三番乘着姜典新老人的电动三轮车在村子里走访，触摸那些印有岁月痕迹的老宅。从村口经过功德桥到供销社的那条路，我们走了无数遍。每当想起那段时光，心里充盈着的是无限的温暖和感动。

犹记得在乡间的小路上奔走，遇见过形形色色的村民，被问到最多的问题便是“你们是谁，来这里做什么”，好奇、打量的目光从来不曾少过。当大家知晓我们的来意之后，给予了我们极大的包容、支持和帮助！原村书记刘文峰夫妇为我们提供居住场所，解决用餐问题，打消我们调研的后顾之忧；供销社的姜明蓉夫妇积极为我们提供访谈人信息和访谈资料；年迈的大叔热心带我们到村里走街串巷看各种建筑；姜典新老人在寒风中带我们到狮子山上找奇石拍异景；中午访谈结束，林学敏大姐给我们做热乎乎的豇豆面汤……善疃村的善人善事也在不经意间滋养了我们的心灵。感恩善疃村落所有的人事，不管是曾经，还是如今，正是这一切的相互交织，善疃才得以向世人呈现出当下最美的样子！

经过将近一年半的访谈、调研、讨论和撰写，在善疃村文化志编写工作即将要画上句号之时，与这个美丽淳朴的山村接触的一幕幕再次在我们眼前浮现,这里留下了我们太多的回忆、感触和感动。在此,诚挚地感谢支持我们文化志工作福山区、回里镇的领导和善疃村的诸位干部,尤其是善疃村原村支书刘文峰、现村主任姜伟的大力支持;诚挚地感谢参与访谈的诸多村民,以及所有善疃人的支持与配合!善疃文化志编写工作的顺利完成离不开诸位同事和同学的倾情付出与并肩奋斗,这里要感谢孙庆忠老师、李兴佐校长的指导;特别感谢 2016 年多次参与善疃村调研与资料集编写工作的诸位师生,为善疃文化志的编写工作打下了坚实的基础,感谢常亮、林向英、孙伟伟、郑慧勇、刘珊珊、衣先晓等老师们的辛勤付出,感谢姜加晓、王慧清、张晓霞、吴越、刘鑫、崔晓峰、谢慧芳、刘娟、姜叶、肖雪、苏英等同学的积极参与;尤其感谢 2017 年以来参与善疃文化志调研与编撰工作的王婷、张雯雯、王慧清、卞晓洁、赵茹、张馨兮六位同学的全程跟进,从访谈,整理初稿,补充调研,撰写,一直反复修改,整个过程大家付出了太多的时间和精力。善疃村文化志能够顺利完成,离不开你们的付出和支持,衷心感谢!

留住乡愁,抢救村落记忆需要我们大家的共同努力,尤其需要年轻人的参与。愿更多的年轻人积极投身到村落记忆的抢救工作中来,愿每个村落都可以实现专属于它的美好明天,实现乡村振兴!对善疃、对我国乡村的未来,对诸多乡村的振兴,我们满怀期待。

附　录

善疃村历任村书记、村主任任职时间表

村书记	村主任	任职时间
姜保祥（书记）	付德清（大队长）	1958—1966
姜忠明（书记）	付德清（大队长）	1966.01—1967.01
付德胜（革命委员会主任）	无	1967.01—1969.12
付德清（党的核心领导小组组长）	付德清（大队长）	1970.01—1971.12
肖连奎（书记）	付德清（大队长）	1971.12—1974.12
肖连奎（书记）	姜忠玲（主任）	1975.01—1976.12
姜其甲（书记）	姜忠玲（主任）	1976.12—1985.12
姜学宝（书记）	姜忠玲（主任）	1986.01—1987.01
姜忠玲（书记）	姜国刚（主任）	1987.01—1994.05
姜国刚（书记）	付传浩（主任）	1994.05—2002.08
姜国刚（书记）	姜国刚（主任）	2002.08—2008.08
姜国刚（书记）	刘文峰（主任）	2008.08—2011.08
刘文峰（书记）	刘文峰（主任）	2011.08—2017.08
赵宏杰（挂职书记）	姜伟（主任）	2017.08—至今

注：此表根据姜忠玲和姜典仁共同回忆制成。

内容简介

善疃村地处胶东地区，背靠号称“福山屋脊”的塔顶山，坐拥葱郁壮美的万亩山岚，紧挨绵延悠长的善水河，依山傍水的自然环境造就了善疃人善良淳朴的民风。在这片以善为美的土地上，坐落着诸多古朴的枕善之居，还有传承着百年宗族文化的姜氏宗祠。不仅有革命年代碧血丹心的流金岁月和漫漫稼穑之路，也有独具一格的雪果红樱和工匠艺术。在善疃人齐心协力地辛勤劳作下，伴随着怀揣反哺之情的乡贤的回归，善缘得以不断传承，善疃愈发欣欣向荣。

图书在版编目(CIP)数据

善因社会:山东福山善疃村文化志/姜希玉,常亮编著.—北京:中国农业大学出版社,2018.11

(胶东传统村落文化志系列丛书/李兴佐主编)

ISBN 978-7-5655-2124-9

Ⅰ.①善… Ⅱ.①姜… ②常… Ⅲ.①乡村－文化史－福山区 Ⅳ.①K295.25

中国版本图书馆 CIP 数据核字(2018)第 244287 号

书　　名　善因社会——山东福山善疃村文化志

作　　者　姜希玉　常　亮　编著

策划编辑　席　清　张秀环　　　　**责任编辑**　石　华

封面设计　郑　川

出版发行　中国农业大学出版社

社　　址　北京市海淀区圆明园西路 2 号　　　　**邮政编码**　100193

电　　话　发行部 010-62818525,8625　　　　读者服务部 010-62732336

编辑部 010-62732617,2618　　　　出　版　部 010-62733440

网　　址　http://www.caupress.cn　　　　**E-mail**　cbsszs@cau.edu.cn

经　　销　新华书店

印　　刷　北京玺诚印务有限公司

版　　次　2018 年 10 月第 1 版　　2018 年 10 月第 1 次印刷

规　　格　880×1 230　　32 开本　　8 印张　　190 千字　　彩插 4

定　　价　30.00 元